DRAMA BON

碑銘을 찾아서

경성 쇼우와 62년

복거일 | 장미진

모든 시는 혁명적이다. 모든 구호는, 특히 시로 변장한 구호는 궁극적으로 반동적이다.

　　- 본문중, 기다하라 고우운사이 『인적(人跡)』에서

碑銘을 찾아서

경성 쇼우와 62년

해설　　　　　　　　　　7

1장 : 새해　　　　　　　35
2장 : 큰아버지의 봄　　　49
3장 : 식민지의 여름　　　63
4장 : 비 내리는 도우꾜우, 가을　　73
5장 : 서리 내리다　　　　83
6장 : 겨울, 집을 나서다　109

해설

비명을 찾아서
—경성 쇼우와 62년

쇼우와 62년

소설 『비명을 찾아서』는 기노시다 히데요(木下英世)가 39세가 되는 새해의 젓날을 맞이하는 것에서 시작된다. 88올림픽이 개최되기 한 해 전인 1987년이 배경인데, 이는 '쇼우와 62년'이라는 다른 이름으로 표현되어 있다. 소설의 부제도 '경성, 쇼우와 62년'이다.

'쇼우와'는 요즘 표기로 하면 '쇼와'. 1925년부터 1989년까지 재위한 일본천황의 연호이다. 제목에서 이미 일본 제국주의 시대가 배경임을 암시하면서 출발한다. 자세히 말하면 일본 추밀원 의장 이토우 히로부미(伊藤博文) 공작이 1909년 10월 26일 하얼빈에서 안중근 의사에 의해 암살되지 않고 단지 부상만 입었고, 일본 제국은 더욱 팽창하여 아직도 조선이 일본의 지배 하에 있다는 가정 하에 새로 씌어진 대체역사(alternative history)이다. 비교적 온건했던 히로부미 공작은 근대 일본의 역사 전개 과정에서 상당히 중요한 변수로 작용하여, 일본 군국주의 세력을 억제하는 힘을 갖고 있었고, 그가 죽지 않았다면 1945년 일본은 패전하지 않았을 지도 모른다는 가정 하에 쓰인 것이다.

'쇼우와 62년'인 1987년 현재 일본 제국은 건재하여 대만과 함께 조선을 식민지로 삼고 있으며, 조선은 거의 완전히 일본에 동화되어 조선이 식민지라는 사실조차 의식하지 못하고 있다. 중국은 공산당 정부와 국민당 정부가 통치하는 지역으로 나뉘어져 있고, 일본은 만주국을 전초기지로 하여 중국과 전쟁을 하고 있다. 한 마디로 지금 이 땅이 여전히 일본의 식민지라는 끔찍한 가상현실에서 소설은 시작된다.

일 년

 이러한 식민지 시대를 살아가는 평범한 직장인인 기노시다 히데요가 – 사실 평범하지는 않다. 그는 이미 150여 편의 시를 썼고 올해 그의 첫 시집이 출판되었다. – 자신이 조선인임을 깨닫고, 조선인으로 살기 위해 이 땅을 떠나게 되기까지의 이야기이다. 70 여 년 동안 지배되고 예속되어 있던 역사가 한 남자의 삶을 완전히 뒤집어 버리는 데 소요된 시간은 그저 한 해, 단 1년이 걸렸을 뿐이다. 그는 일본인 헌병 소좌를 죽이고 추운 겨울, 가족을 남겨 둔 채 집을 나선다. 슈베르트의 〈겨울 나그네〉를 떠올려도 크게 잘못 이해 한 것은 아닐 것이다. 작가 역시 '슈베르트의 작품들에는 불운한 사람들만이 알 수 있는 깊은 감정이 밑바닥에 깔려 있는 듯하다' 는 농질감을 표현하기도 했으니까. 그래서 인가 집을 나서는 그의 뒷모습이 그리 처절하게 느껴지지만은 않는다.

> 조용히 조용히 문으로 가서
> 문에다 쓰는 거야
> 안녕, 잘자요! (Gute Nacht!)

'悲鳴'

 필자가 20대에 만난 『비명을 찾아서』는 가슴을 뜨겁게 하는 혁명적인 작품이었다. 그러나 다시 읽는 『비명을 찾아서』에서 '碑銘'은 '悲鳴'이 된다. 식민지 시대를 살아가는 사람들은 비록 그들이 그 체제 하에서 '재미를 보고 있는 사람일지라도' 폭력의 피해자 일 수밖에 없다는 작가의 글귀가 눈에 들어 왔기 때문이다. 어느 시대인들 살기가 그리 녹녹 하겠는가 마는 불행한 시대는 더욱 그럴 것이다.

 사실 작가는 '비명'에 대해 친절하게 설명하지 않는다. 베케트가 『고도를 기다리며』에서 '고도'가 누구인지 알려주지 않은 이유와 같을 지도 모르겠다. 작품에서 가장 근접한 답을 찾는다면 춘원 이광수의 '비명(碑銘)'이지 않을까. 조선의 독립을 위해 투쟁하던 젊은 이광수에서, 조선 민중의 살 길은 일본 제국의 충성스러운 신민이 되는 길 뿐이라고 외쳤던 가야마 미쯔로우(香山光郞)가 될 수밖에 없었던 이의 '비명'. 그가 유언으로 남긴 자작 비명은 '여기 잠들다.'이다. 자신의 믿음을 가슴에 안고 부대끼며 살아온 사람이 쉴 곳은 결국 무덤뿐이라는 작가의 설명이 덧붙여진다.

작가는 세 개의 에피그람으로 가야마 미쯔로우의 고통을 따라간다.

> 이와 같이 어느 방면으로 보아도 조선과 일본과의 이해는 상호 배치하여 그 해를 입은 자는 조선이니, 조선 민족은 자신의 생존권을 위하여 독립을 선언하노라.
> 다이쇼우 6년 4월 7일 「조선청년독립단 선언서」에서

> 그러나 우리는 생존에 대한 의무를 가지고 있다. 따라서 우리는 무책임하게 흑백 논리를 가지고 모든 것을 버릴 것이 아니라, 조선 안에서 허가된 범위 안에서 무슨 방침을 세우지 아니할 수 없다.
> 다이쇼우 9년 1월 6일자 동아일보 「조선의 민족적 경륜」에서

> 하루라도 속히 황민화(皇民化)가 될수록 조선 민족에게는 행복이 올 것이다.
> 쇼우와 4년 5월 8일자 반도일보, 「창씨개명에 관한 소감」에서

소설 속에서 가야마 미쯔로우의 이야기를 전해 주는

하꾸야마 선생 역시 전향한 지식인이다. 그는 고문으로 망가진 오른 팔을 힘없이 늘어뜨리고 선 채 이렇게 말한다. '배교가 순교보다 훨씬 더 어렵고 고귀한 길일 수도 있다.'

어떤 선택이든 그리 쉽고 가볍게 이루어진 것이 있을까. 그래서 '육체는 슬프다.'는 히데요의 탄식에 동의할 수밖에 없다. '悲鳴'은 어쩌면 식민지 시대를 살아온 사람들에 대한 변명일 지도 모르겠다. 그래서 히데요는 가야마 미쯔로우를 애도하는 한 편의 시를 구상한다. 그 시대를 살지 않은 사람은 그 시대를 고통 속에 버텨낸 사람들을 단죄할 수 없기 때문이다.

> 배교(背敎)의 황막한 길은
> 무덤 앞에서 멈춘다.
> 세상의 어느 먼 한끝
> 막막한 하늘 아래
> 혼자 우러러 호곡(號哭)하고 싶지 않았으랴,
> 신을 잃은 성자의 빈 눈길을 던지고
> 고집스러운 걸음을 옮긴 자.

기노시다 히데요(木下英世)의 일 년

이야기는 이렇게 시작된다. 기노시다 히데요는 새해를 맞아 39살이 된다. 그는 40이라는 나이를 '이미 정해진 자신의 분수를 철학적 자세로 받아들이고, 이룰 수 있는 것을 목표로 삼아 흔들리지 않고 나아가기 위해 옷깃을 여미는 나이.'라고 생각한다. 그런 의미에서 자신은 '시인'이고, 자신의 '대차대조표'는 그리 나쁘지 않다.

'덩치는 크지만 적자를 내는 회사의 과장. 곧 부장으로 승진하리라는 할증금이 붙어 있고, 게이조우(경성)에서 가장 낫다고 하는 괜찮은 아파트 한 채, 백오십여 편의 시들, 곧 시집이 나올 테고…… 빚 진적 없고, 달리 신세를 크게 진 사람 없고, 통행금지 한 번 어겨본 적 없이 조심스럽게 살아온 덕분에, 몸 성하고 앞으로의 사회 생활에 장애가 될 경력 없고, 그러니 부채는 없는 셈. 아니지, 조선인이라는 커다란 부채가 있지……'

그가 가진 부채는 바로 독촉장을 보내온다.
부장으로의 승진 앞에서 어이없게 좌절하면서 그는 다시 한 번 깨닫는다. 자신의 문제는 내지인이 주인인 세상에 조선인으로 태어난 죄다. 이번의 좌절은 마흔 해 동안 수없이 만났던 장벽 앞에서 다시 주저앉은 것이고, 그가 평범한 신민으로서, 하루도 빼놓지 않고 만난 벽이다. 그리고 앞으로도 계속 만나야 할 벽이다. 다른 점이 있다면, 전에는 체념하고 애써 외면해서 그 벽이 별로 마음에 걸리지 않았으나, 지금은 그것이 뚜렷하게 보인다는 점이다. 무엇보다도 그 벽은 자신만으로 끝나는 문제가 아니라는 사실이 그를 괴롭히고 있다. 그의 딸 게이꼬와 그의 자식들이, 다시 그 자식들이, 어디를 가든, 무엇을 하든, 어쩔 수 없이 부딪치게 되어, 몸과 마음에 퍼런 멍이 들 거대한 벽이다.

박영세(朴英世)

조선이라는 벽 앞에 선 그에게 조선은 새로운 모습으로, 새로운 의미로 다가온다. 청주 큰아버지로 부터 알게 된 '박'이라는 성씨. 자신은 신라 왕조의 후손 '竹山朴氏 文貞公派 박영세'라는 사실. 조선이 일본의 식민지가 된 것은 고작 100년도 채 되지 않은 일이라는 것. 그 전에 조선은 적어도 2000년이 넘는 창대한 역사를 가지고 있었다는 것.

 그는 이제 조선을 알고 싶다. 조선어로 된 시가를 조선말로 읽고 싶고, 조선인의 시각에서 조선말로 시를 쓰고 싶어 졌다.

 조선에 대한 자료를 찾는 일은 결코 쉽지 않았다. 경성대 도서관에는 조선이라는 항목 자체가 없다. 모두 교토제국대학교로 이송되었다는 사서의 귀뜸을 받았을 뿐이다. 드디어 내지로의 출장길에 그는 『조선왕조실록』을 발견한다. 가슴이 뭉클해지고 콧날이 시큰거린다. 한 사람이 자기 민족의 잃어버린 역사와 문화를 만나는 것은 단순히 지식을 넓히는 일이 아니라, 그의 실체가 바뀌어 다른 사람이 되는 것임을 알게 된다. 지금까지 자신이라고 믿었던 실체의 상당부분이 허구였음을 발견하고, 그 비어 있던 실체를 다시 찾고자 한다. 새로 태어나려는 자신이 어떤 사람일지 몰라 그는 무척 두렵기도 하다.

 그렇게 채 반년이 안 되는 시간에 그는 이전의 히데요와는 완전히 다른 사람이 되고 있었다.

경무국, 갱생교육

그러나 그의 여정은 그리 순탄하지 않다.

구한 책들을 가방 속에 숨기고 귀국하던 날, 공항 검색대에 걸리고 말았기 때문이다. 영등포 경찰서를 거쳐 경무국에서 본격적인 수사를 받는다. 다행히 기소까지 가지 않고 3주간의 이른바 '갱생교육'을 받게 되는데, 그의 갱생교육을 담당한 사람이 하꾸야마 선생이다. 그는 조선 문단의 중견급 평론가로 조선 평론가협회 간사이기도 했다. 하꾸야마를 통해 조선 지식인들이 어떻게 좌절하고 변절하였는지에 대해 진지하게 알게 된다. 또한 하꾸야마는 완벽하게 일본인이 되는 순간 차별이 없어질 것이라고 말하지만 그는 '조선인은 조선인일 수밖에 없음'을 확신하게 된다. 그는 한 장의 서약서에 서명하고 유치장을 나온다.

'대일본 제국의 안녕과 번영을 위하여 사상 국방 전선의 최일선에 서서 심신을 바칠 것을 엄숙히 서약합니다.'

그는 속으로 중얼거렸다.

'서명하지. 열 번이라도 서명하지. 내보내만 준다면.'

기소유예 2년에 '사상범'이라는 낙인이 찍히기는 하였으나 그는 자유를 찾았고, 가정으로 돌아 올 수 있었으며, 무사히 회사에 복귀하기도 했다. 그는 가벼운 안도감을 느꼈다. '10월 11일 가네우라(김포) 공항에서 끊어졌던 일상의 길을 이제 11월 22일에 다시 걷기 시작하는구나.' 안도의 한숨을 쉬면서, 어떻게 해야 쇼우와 62년의 조선에서 조선 사람이 '한도우징(반도인)'이 아닌 '조선인'이 될 수 있는가의 문제를 물고 씹어 삼키고 있었다. 그는 자신이 가야 할 길에 대해서 알고 있었고, 단지 자신에게 그 길을 걸어갈 힘이 있는지를 고민하고 있었다.

길을 떠나다.

그에게 안전한 세상은 이제 없다.
유치장에 있는 남편을 구해내기 위해 애쓰던 아내 세쯔꼬가 헌병대 아오이 소좌에게 농락당하고 있었다. 아오이 소좌의 군화발은 그가 집에 돌아온 후에도 멈추지 않고 그의 가정을 짓밟았고, 히데요는 마침내 아오이 소좌를 낚시줄로 살해하고 만다. 이제 자수하면 사형일 가능성이 높고, 그가 선택할 수 있는 길은 하나밖에 없다. 상해에 있는 임시정부를 찾아가는 것. 그곳에서 조선인으로 사는 것. 조선말로, 조선인의 입장에서 시를 쓰는 것. 그리고 조선어 사전을 만드는 일에 동참하는 것이다. 그곳으로 가는 길은 그리 수월할 것 같지 않다. 만주와 몽고를 지나 12,000 킬로를 가야 하는 길이다. 그러나 그의 가슴은 벅차올랐고, 온몸의 팽팽해진 핏줄로 피가 거세게 흘렀다. 가슴에 고인 슬픔을 깊은 곳으로 밀어놓고, 자기 자신에게 일렀다.

'난 도망자가 아니다. 길이 보이는 한 난 망명객이다. 내가 나일 수 있는 땅을 찾아가는 망명객이다.'

소설 「비명을 찾아서」는 '시(詩)'다.

이 작품은 '대체역사'라는 독특하고 조금은 난해한 형태의 소설이다. 복거일의 문체도 그리 말랑말랑하지 않다. 또한 이 소설은 '시'처럼 예민하고 섬세하다는 특징을 갖는다. '시'가 곳곳에 포진하여 인물의 감정을 노래하고 역사의 운명을 기록하기 때문이다. 희곡에서는 이 점을 충분히 살릴 수 없었다는 아쉬움으로 여기에 덧붙여 본다.

기노시다 히데요

주인공 기노시다 히데요는 이미 150여 편의 시를 쓴 시인으로, 올해 시집이 나왔고 평론가에게서 좋은 평가도 받았다. 작은 문학상 하나 기대할 수도 있는 상황이다. 그에게는 뮤즈가 있다. 직장 부하 직원인 26살의 시마즈 도끼에, 그녀는 유서 깊은 가문 출신으로 일본에서 제일 훌륭한 여자 대학을 나온 재원이다. '내가 지금 저 아이에게 홀린 것은 아닌가?' 의구심에 왈칵 몸이 떨린 적도 있다. 그는 그녀에게 다가 갈 수 없음을 인정하고, 시로써 그녀를 품는다. 어느 날 그녀를 찾아가다 바다에 빠져 죽는 꿈을 꾸고 깨어나 시를 쓴다.

암초의 포옹으로

낡은 배를 불러들이는
요염한 등대,
야릇한 미소로 제단을 굽어보는
어린 여신,

내 뼈가 타는 불길에
수줍게 모습을 드러내는
검은 달이여,
고혹의 살이여,
내 넋의 잔인한 딸이여.

기다하라 고우운사이(北原耕雲齊)

히데요의 시뿐 아니라 작가는 다른 이름으로도 시를 쓴다. 가상의 일본 시인 기다하라 고우운사이(北原耕雲齊). 기다하라 고우운사이는 실제 존재했던 일본 시인의 이름을 차용한 듯 보이는 데, 작품 속에서 등장하는 시인은 쇼우와 유신 체제에 비판적인 태도를 취했다가 체포되었고, 복잡한 여자 관계를 가진 인물로 설정되어 있다. 그의 시는 식민지 시대의 아픈 현실을 슬프고 아름답게 노래한다.

아직 흔들리는
내 넋의 가지,
무슨 세월이 지나야 하는지

흙 위에 누운 저 꽃잎이
인연의 가지 위에
다시 피려면.

   소설은 많은 에피그람으로 채워져 있는데, 그중에는 조지 오웰의 『1984』와 같이 실제 출판된 작품에서 가져온 것도 있지만, 상당 부분 작가 스스로 타인의 이름으로 작성한 것이 많다. 『독사수필』이나 『상해공론』처럼 새로운 인물인 경우도 있고, 이토우 히로부미 처럼 실존하는 인물을 가져오는 경우도 있다. 다양한 에피그람들은 작품을 이해하는 데 도움을 주고, 당시 상황을 설명하는 역할을 하기도 한다. 그중 무엇보다 기다하라 고우운사이의 시들은 소설이 섬세한 시인의 감성을 놓치지 않게 하는 데 큰 의미가 있다.

조선의 고시가(古詩歌)

그가 어느 날 중고서점에서 우연히 발견한 『조선고시가선 (朝鮮古詩歌選)』은 조선의 말과 글에 대한 깨달음으로 연결시켜 주는 중요한 모티브가 된다. 게다가 거기에 소개되는 우리의 시가가 그를 내버려 두지 않고 반복적으로 그의 가슴을 두드린다.

>어저 내일이여 그럴 줄을 모르더냐
>있으랴 하더면 가랴마는 제 구타여
>보내고 그리는 정은 나도 몰라 하노라.

그는 이 시들을 조선말로 읽고 싶어졌고, 고조선, 고구려, 백제, 신라, 고려, 조선 - 이천년이 넘는 조선 시가의 흔적을 찾아 가고 싶어진다. 그래서 조선의 글을 배우기 시작한다. 조선의 글로 쓰인 조선 사람의 시를 읽기 위해서. 소설 덕분에 독자에게도 소설 덕분에 그동안 접할 기회가 많지 않았던 우리의 시조, 시가들이 다시 한 번 정겹게 다가간다.

>이화에 월백하고 은한이 삼경인제

일지춘심을 자규야 아랴마난

다정도 병이냥 하야 잠 못 드러 하노라.

또한 소설은 자체로 시가 된다.

앞에서 언급한 것처럼 소설 『비명을 찾아서』는 기본적으로 무거운 소재를 취하였고, 문체 역시 상당부분 딱딱하다. 작가 자신이 원치 않으면서도, '덧붙이는 글'을 써야 할 정도로 작품의 이해가 쉽지않다. 그러나 때때로 소설이라고 하기에는 문장들이 상당히 섬세하고 서정적이다. 비 내리는 사무실 창가에 서서 거리를 바라보는 히데요의 가슴이 노래한다.

"비가 내린다. 무심히 내린다. 혼마찌의 번화한 거리에. 조선총독부 건물 위에. 멀리 게이호꾸상이 된 북악산에. 그 너머 이름 바뀐 서러운 마을들과 시내들 위에 내린다. 눈초리에 고인 따스한 물방울 하나가 무거워졌는지 조르르 볼을 타고 내렸다. 그리고 여기 내 가슴에도 내린다."

상대를 졸업하고 장교로 군생활을 했으며, 여러 기업

에서 근무한 경력을 가진 작가 복거일이 새롭게 보이는 이유이다. 그의 정의에 따르면 '사람들이 행동하는 모습들, 특히 시간이나 돈과 같은 자원을 여러 목적에 따라 나누어 쓰는 모습을 연구'하는 경제학을 학문적 뿌리로 두고있는 작가가 이처럼 섬세한 시선으로 세상을 바라보고 있다는 점에 놀라지 않을 수 없다.

역사(歷史)

이 작품을 읽는 데 가장 중요한 부분은 역시 '역사성'일 것이다. 대체 역사라는 기법으로 쓰인 이 작품은 당연히 역사에 대한 지식 없이는 쓸 수 없을 뿐 아니라, 읽을 수도 없는 역사소설임이 분명하다. 작가는 역사에 특별한 관심을 갖고 있다.

처음 주인공 히데요에게 충격을 준 사건은 처남이 일본 출장을 다녀오며 선물해 준 사노 히사이찌의 『독사수필(讀史隨筆)』을 읽게 된 것이다. 가상의 역사학자 히사이찌가 쓴 이 작품은 일본에서 판매 금지 처분을 받은 의식 서적으로, 민중 반란이 거의 없었다는 일본 역사의 특이한 점에 대해 서술하고 있다.

'중국은 물론이고 월남에서는 18세기 후반에 떠이싼당(西山黨)의 성공적 반란이 있었고, 조선에서도 19세기 후반에 동학란이 있었으니, 조선 정부 자체의 힘만으로는 도저히 수습할 수 없어 일본과 청의 출병으로 수습해야만 했었다'는 부분이다.

『신일본사』를 두 번이나 통독한 히데요인데, 19세기 후반에 조선에서 '동학란'이라는 민중 반란이 있었다는 말을 들어 본 적이 없다. 그것보다도 더 이상한 것은 '조선 정부'라는 말이다. 적어도 아득한 옛날 징꼬우 황후(神功皇后)가 조선(삼한)을 정복해서 복속시킨 뒤로는 조선이 따로 정부를 가진 적은 없었던 것으로 알고 있었기 때문이다. 징꼬우 황후의 정벌로 일본의 일부가 되었다는 얘기를 끝으로 역사책에는 조선에 대한 언급은 아예 없었다. '그리고 보면 조선의 역사는 몇 백 년 동안이나 백지인 셈이다 …… 씌어지지 않은 …… 아니면 …… 지워진?' 조선 역사에 관심을 갖게 되는 순간이다. 이렇게

'역사'를 새롭게 인식하게 됨으로써 작품은 전환점을 맞게 된다.

비교적 최근에 발표된 「굳세어라 금순아를 모르는 이들을 위하여」에서 역사에 대한 작가의 관심은 더욱 분명해진다. 6·25전쟁의 기원부터 굵직한 9개의 전투를 훑으며 전장의 이야기를 들려주는 이 작품에서 그는 폴란드 역사학자 콜라코브스키를 인용한다.

"우리는 처신이나 성공을 위해서가 아니라, 우리가 누구인지 알기 위해 역사를 배운다."

작가 복거일에게 시대를 읽어 주기를 부탁하는 이유가 이 때문인 듯하다. 그러나 정작 자신은 '술김에 자랑을 했었다. 앞일을 잘 내다본다고. 그랬더니, 한 친구가 이내 받았다. 그렇게 앞일을 잘 보면서, 아직도 셋집에 사느냐고.' 그래서 그는 충격을 받았다고 한다.

그러나 이것이 『비명을 찾아서』를 희곡화하는 이유이다.

식민지 시대의 문제를 오늘에 가져온 그의 상상력과 정확한 진단이 지금 이 땅에 필요하기 때문이다. 끊임없이 계속되는 역사 논쟁과 상대에 대한 서슬 퍼런 비판으로 상처투성이인 우리를 치유하기 위해서이다. 그들이 '견뎌내야 했던' 역사를 우리가 '살아가는' 역사로 가져오면 조금은 다른 시각으로 볼 수 있을 것이다. 작가의 말대로 '역사를 통해' 배울 수 있기 때문이다.

　760쪽 109장의 방대한 역사소설 『비명을 찾아서』를 희곡화하는 일은 만만치 않았다. '시적'인 '소설'을 '드라마'로 다시 바꾼다는 것 자체가 이미 어려움을 전제하고 있다. 아름답고 소중하지만 생략해야 되는 부분들도 많았다. 그러나 무대에 올려진 『비명을 찾아서』 또한 흥미로운 작품이 되리라 믿는다. 소설이 그리고 있는 역사, 그 자체가 이미 사람들의 '행동'들로써 연결되며 이루어진 것이기 때문이다.

"사람은 누구도 섬이 아니다."

본문 중에서

DRAMA BON

碑銘을 찾아서

경성 쇼우와 62년

■ 등장인물

기노시다 히데요
아내 세쯔꼬와 딸 게이꼬
큰아버지, 소녀
도끼에와 앤더슨
다나까 부장, 야마시다 과장, 이시다 겐지 외 회사직원들
하숙집 아저씨와 아주머니, 학생
취조관, 하꾸야마 마사오미 선생
소공스님, 사미
아오끼 소좌, 미찌꼬, 오오야마 부부

■ 배경

  서기 1987년, 쇼우와 62년 현재 일본 제국은 건재하고, 조선과 대만은 일본의 식민지로 남아 있다. 만주국을 전초 기지로 한 일본의 대륙 팽창 정책은 여전히 지속되고 있고, 중국은 각기 공산당 정부와 국민당 정부가 통치하는 두 지역으로 분열되어 있다. 조선은 80년도 채 안 되는 기간 동안 거의 완전히 일본에 동화되어버렸다. 사람들은 조선말을 할 줄 모르고, 조선이 식민지라는 사실조차 의식하지 못하고 있다. 소설은 이러한 가상의 세계를 살고 있는 조선인 기노시다 히데요(木下英世)라는 인물의 1년간의 삶을 추적하고 있다.[1]
  *작품에서 사용하는 언어는 식민지 한국에서 사용하는 일본어이다. 그래서 무대에서의 대사는 일본어처럼 들리면 좋겠다. 이는 조선어 부분과 차별성이 있어야 하기 때문이다.

---

1) 김태환의 〈잊혀진 자들을 찾아서〉에서 인용

1장 새해

다나까 부장의 집에 모여 새해 인사를 나누는 자리. 노랫소리 들린다. 모두들 술이 얼큰하여 박수를 치며 열렬히 황군의 군가 〈남해의 해당화〉를 부른다.

> 고비 사막 넘어온 차가운 바람
> 열하성 벌판 위로 몰려오는 밤
> 북두칠성 빛나는 북국의 하늘
> 그 아래 진중에서 외로운 초병,
> 가슴속 아련하게 그리운 것은
> 내 고향 바닷가의 빨간 해당화,

도끼에 : (신기한 듯 쳐다보며) 과장님도 이런 노래를 부르세요?
히데요 : 당연하지. 만주리에서 근무할 때 술자리에서 으레 불러대던 노래였는데, 그 술집 이름이 뭐더라.

아 그래 '바가봉!'

도끼에 : 과장님이 군인이셨다는 것도 신기해요.

히데요 : 간부후보생 출신이어서 그렇지. 군대에 남았었다면 지금쯤 최소한 중좌는 됐을걸. 운이 좋았다면 막 대좌로 진급해서 찰합이성 전투에 참여하고 있을지도 몰라. 하하.

도끼에 : 와, 정말 놀랍네요. 전혀 몰랐어요. 시인과 전쟁?

  우아한 암청색 나가끼를 입고 있는 다나까 부장이 술잔을 들고 일어나자, 도끼에는 슬그머니 자리를 피하고, 부장은 건배를 외친다.

다나까 : 마침내 쇼우와 62년이 시작되었군. 우리 모두 건빠이!

일 동 : 건빠이!

  거실 한쪽에는 석유 난로가 벌겋게 달궈져있고, 그 옆에 얼굴이 벌건 사람들이 화투판을 벌이고 있다. 다른 쪽에서는 다나까 부장과 함께 히데요와 야마시다 과장이 술을 마신다. 화투를 치는 이시다가 히데요에게 도움을 청한다.

이시다 겐지 : 과장님 어서 들어오십시오. 저 혼자 예산관리과 사람들한테 공격을 받아 애먹고 있습니다.
히데요 : 그래? 그럼 반격을 해야지.
다나까 부장 : 아아, 거긴 일단 놔두고 잔이나 받아요.
히데요 : 그럴까요. 그럼 한 잔 주십시오. 이시다! 알아서 살아 남으라구.

이시다는 실망하여 머리를 긁적인다.

야마시다 과장 : 부장님. 올림핏꾸가 진짜 게이조우에서 열릴까요?
다나까 부장 : 아마도 그럴 것 같은데. 거의 다 된 것처럼 보도가 나오잖아.
야마시다 과장 : 그러게 말이예요. 그러면 우리 회사에도 도움이 되겠죠?
다나까 부장 : 되고 말고. 올림핏꾸를 치르려면 굉장한 운동 경기 시설이 필요할 텐데, 지금 시설이라곤 없잖아? 숙박시설, 관광 시설 모두 건축 자재를 필요로 하는 사업이니, 우리 회사로서야 반가운 일이지.
이시다 겐지 : 그럼, '유사라무' 와의 합작 투자에도 좋은

영향을 미치겠네요? (화투를 하면서도 이시다가 큰 소리로 끼어든다.)

히데요 : (웃으며) 그렇겠지. 회사의 수익 전망이 좋아지면, 그만큼 협상하는 데 유리할 테니까……

야마시다 과장 : 부장님, 올림핏꾸 유치가 확정 되면 정치적인 영향도 꽤 있겠죠?

다나까 부장 : 아직 오 년 후의 일이긴 하지만. 도우고우 총독이 적극 지원했으니까 총독에게 상당히 유리하게 되겠지. 다음 총리대신 자리를 굳히는 계기가 될 수도 있을걸.

히데요 : 도우고우 총독께서 다음번에 집권하실 가능성이 높은가요?

다나까 부장 : 내가 보기엔 그런 것 같아요. 세 번이나 육군에서 내각을 조각했으니, 다음번엔 해군이나 공군인데, 공군은 아직 기반이 없거든. 천상 해군이라는 얘기가 되지. 해군에서 조각한다면, 역시 도우고우 총독이 먼저 눈에 뜨이거든. 경력으로 보나, 인품으로 보나.

야마시다 과장 : 그래도 육군이 쉽게 정권을 내놓을까요? 요새는 전에 비해 육군 세력이 더 강해진 것 같던데요.

다나까 부장 : 맞는 얘기야. 그렇지만 찰합이성에서 일이 벌어졌으니 상황이 많이 달라졌어. 기노시다 과장, 술 좀 들어요. (그의 잔이 빈 것을 보고 부장이 술 주전자를 들었다. 히데요는 조용히 잔을 받는다.)
히데요 : 지공과의 전쟁은 어떻게 결말이 날까요?
다나까 부장 : 지공이 의외로 유격전을 잘하니 우리 군대가 애를 먹고 있단 말이야. 결국 노서아가 문젠데…… 노서아·몽고·지공 세 나라가 연합해서 대항하고 있으니. 전황이 호전될 수가 있어야지.

다들 고개를 끄덕이며 술을 마신다. 화투 치는 사람들을 의식하며 부장이 목소리를 낮추어 은근하게 말한다.

다나까 부장 : 사실 지금 문제는 찰합이성이 아닙니다. 불똥은 이미 만주국 국경 안으로 들어왔어요. 지공군이 전선 후방 열하성까지 들어왔데요. 그것만이 아닙니다. 이젠 만주국이 일본에 예속된 괴뢰 정권이라고 만주국 국민들을 대대적으로 선동하고 있답니다. 지금 만주국은 전국적으로 치안이 불안한 상태랍니다.
야마시다 과장 : 그 정도로 심각합니까?

다나까 부장 : (굳은 얼굴로 고개를 끄덕이며) 지금 만주국에서는 지하 조직이 무섭게 뻗어나간다고 하더군. 대학생들은 거의 모두가 사상이 불온한 모양이야. 철저하게 좌경화되어서 교수들도 손을 쓸 수가 없는 지경이라는데 …… 셋으로 분단된 지나가 하나로 통일되어야 지나 민족이 살 수 있다고 선동한다나봐. 그래서 만주국에서는 내년까지 경찰을 배로 증원시키기로 하고, 관동군에 예산을 요청한 모양이야. 큰일이지. 빨리 찰합이성에서 나와 문단속을 해야 되는데. 그게 어디 쉬워야지. 전쟁이 승산이 없으면 더 출혈을 보기 전에 협상 하는 게 상식인데 …… 문제는 누가 그 얘기를 꺼내느냐 하는 거거든. 지금 지공군과 협상해서 전쟁을 끝내자고 하는 사람은 제 명에 못 죽는다고.

야마시다 과장 : 관동군이 잘못이에요. 사전에 육군하고 상의도 없이 들어갔다는 거 잖아요. 중앙 정부에서 좀 더 강력히 통제해야 되는데. 바보들이. (야마시다는 화가 치미는 듯 말을 내뱉는다.)

다나까 부장 : 그래서 민간 주도 내각이 성립되어야 하는 건데 ……

야마시다 과장 : (히데요를 의식하며) 어쩔 수 없는 일 아닙니

까? 조선이 그래도 요만큼이나 통치가 되는 것도 따지고 보면 모두 현역 장군이 줏대 있고 과감하게 다스리는 덕분이니.

다나까 부장 : 내 얘기가 바로 그거야. 조선은 일본이 진 십자가라고. 조선을 다스리는 데는 어쩔 수 없이 군인이 필요하고, 그러니 자연 문민정치를 이루는 데 장애가 생기고, 그렇다고 골치 아프니까 조선을 떼어내어 팽개칠 수도 없잖아? 한 나란데. (떨떠름한 표정의 히데요를 보며) 기노시다 과장, 뭘 그렇게 골똘하게 생각하쇼? 술 좀 드쇼.

히데요 : 현재 일본이 대국일 수 있는 것은 본토의 인력과 자본, 조선의 노동력, 그리고 만주국에서 나는 풍부한 천연 자원 때문 아닙니까? 이 세 가지가 이상적으로 결합되어 지금의 일본이 있는 거죠.

다나까 부장 : (당황하며) 이거 이야기가 너무 무거웠군. 그래서 이번 유사라무의 투자가 더 의미 있는 거 아닌가. 유사라무와 함께 우리 '한도우(半島) 경금속'이 '도우아(東亞) 경금속'으로 새롭게 태어나야 하는 거지. 반도에 머무는 것이 아니라 동양으로 뻗어 나가는 거지.

히데요 : 그렇긴 하죠. 그런데 국제적 회사인 유사라무에

비하면 우리는 자본도 달리고, 기술도 달리고, 협상 솜씨마저 달리니 얼마나 좋은 조건으로 합작 투자를 이룰 수 있을지요.

다나까 부장 : 그러니까 자네 책임이 큰 거야. 저쪽은 이런 일에 경험이 많은 다국적 기업이잖아. 유사라무에 비하면 우린 철공소지. 그러니 자네가 한껏 막아 줘야 하네. 그렇지 않으면 막을 사람이 없어. 우리는 이차 저지선이 없는 형편이네. 알겠나?

야마시다 과장 : (비웃는투로) 그쪽 실무자인 앤더슨이라는 사람을 한 번 봤는데요. 이제 서른이나 넘었을까 싶은 애송이던데요. 키만 커다랗지.

다나까 부장 : 서양인치고도 큰 편이긴 해. 아무튼 호감 가는 얼굴이지, 그렇다고 만만하게 보면 안돼.

야마시다 과장 : 자 '한도우 경금속'을 위하여!

다나까 부장 : 좋지. 한 잔합시다. '도우아 경금속'을 위하여! (술잔을 내려놓으며 히데요에게 묻는다.) 참 좋은 소식이 들리던데?

그때 과일을 들고 도끼에가 들어온다.

도끼에 : 이번에 과장님 시집이 출판된데요.

다나까 부장 : 아, 그렇지 기노시다 과장이 시인이었지. 그동안 얼마나 많이 썼길래 시집이 나오나?

히데요 : 한 150편 됩니다. 그중에 다시 손 봐야 하는 것도 많구요.

다나까 부장 : 150편, 와 대단해!

히데요 : 뭘요, 부끄럽습니다. 시집이 썩 마음에 드는 것도 아니구요. 막상 인쇄된 원고를 읽어보니 부족한 점이 많더라구요. 스무 해 시업(詩業)이 제자리 걸음이라는 생각이 들기도 하구요.

도끼에 : 무슨 말씀이세요. 벌써 문학상 후보시라는 얘기도 들리던데요. (히데요가 놀라서 손을 젓는다. 도끼에는 그의 모습에 더욱 신이 난다.) 평론가 야나기자와 선생이 극찬을 하셨다면서요.

히데요 : 극찬은 아니고,「단노우라(檀浦) 회고」를 대표작으로 꼽아 주셨지. 근데 그 건 초기 작품이거든. 그 후에 더 낫다고 여겨지는 작품이 없네.

다나까 부장 : 어, '단노우라' 라고?

히데요 : 네, 대학 이학년 때 조국 성지 참배단에 끼여 내지를 한 바퀴 돌았을 때 쓴 즉흥시입니다. 단노우라에서 안도꾸(安德) 천황의 고사를 듣고 비감해진 마음에 단숨에 쓴 ······

다나까 부장 : 아, 7살 나이에 시모노세키 앞바다에 몸을 던져야 했던 도끼히토 친왕을 노래했단 말이군. 벌써 슬퍼지는걸.

도끼에 : 그럼 여기서 「단노우라 회고」를 한 번 들어볼까요.

다나까 부장 : 이거 기대되는데.

히데요 : 아니, 갑자기 ……

도끼에 : (박수를 유도하며) 과장님 부탁해요.

  모두들 박수를 친다. 히데요는 마지못해 일어나 시를 읊는다. 무대 어두워지고, 어둠속에서 히데요의 목소리만이 애잔하게 들린다.

  만리의 가을
  하늘가에 맑은 기운으로 서리고

  돛이 부풀어도 늙은 어부는
  노래가 없느니

  천리 세또(戶)의 한 끝
  느즈막이 깨어난 주막에선

지긋한 작부가 쉰 목청으로 부른다
아득한 어느 세월을

먼 길 내지에 와서
물결에 이렇게 손을 적시면,

내 고향은 북국
나뭇잎새 성기어진 반도의 기슭,

천년 지나고야 슬픔은 비로소
오롯해지는가

바다는 문득
시린 빛으로 가라앉는다.

세월의 먼지를 삼키고서
오히려 푸르른지

물결은 저리 밀려오는데
무심한 몸짓으로 밀려오는데

어느 아득한 세상의
스산한 바람 속으로 떠도는가

전설 뒤로 숨은 임.
왕손귀불귀(王孫歸不歸)

  박수소리. 박수를 끊으며 어둠속에서 야마시다 과장의 목소리가 들린다.

야마시다 과장 : 누가 돈을 땄을까? 아마도 이시다 겐지군인 것 같은데.
이시다 겐지 : 무슨 말씀이십니까? 전 …… 아까 과장님이 다 따셨잖아요!
야마시다 과장 : 그래 그래. 알아. 내가 땄어. 부장님, 정초부터 노름판에서 딴 돈을 그냥 집에 가지고 들어가면, 복이 달아나죠? 그쵸 ? 그래서 제가 이차를 살까 하는 데요 …… 사모님께서 부장님 외출을 허락하실지 …… 요새 우리 부내에 부장님께서 엄처시하라는 얘기가 돌아서 그럽니다. (좌중에 웃음이 터졌다.)

다나까 부장 : 그런 얘기가 있나? 그건 정말 낭설인데.
야마시다 과장 : (주위를 둘러보며) 누가 그런 얘기를 발설한 거야? 응, 누구야?

   다들 웃으며 2차를 하러 나가는 모양이다. 문 닫는 소리가 요란하다.

2장 　 큰아버지의 봄

　세이슈우(清州)에 사는 큰아버지에게 그의 시집을 드리려고 가는 길. 큰아버지는 아들 둘이 모두 고등 문관 시험에 합격하였고, 딸도 판사에게 시집을 갔다. 자연히 큰집은 세이슈우에서 알아주는 집안이 되었고, 친척들도 큰집을 각별하게 대했다. 큰아버지는 멋있게 잘 늙으신 어른이다.

　오래된 조선 가옥의 나무 대문을 밀며 히데요가 들어선다. 화단의 흙을 고르고 있던 큰아버지가 고개를 돌려 그를 처다본다.

히데요 : 안녕하셨어요. 큰아버님?
큰아버지 : 이게 누구야? 히데요 아냐? 어서 와라. 이런 먼
　　　　　걸음을 했구나. 그래 다들 별고 없지?

히데요 : 예, 큰아버님 댁도 다들 무고하시죠?
큰아버지 : 으응. 잘들 있다. 지난달에 아끼꼬 애비가 까이
　　　　　슈우(海州) 복심법원으로 발령을 받았다. 곧 이사
　　　　　를 갈 모양이더라.
히데요 : 예에.
큰아버지 : 자, 들어가자.

　위에서 까치소리가 난다. 올려다보니 높다란 미루나무 중간에 있는 둥지 위에서 까치 한 마리가 꽁지를 깐닥거리고 있다.

큰아버지 : 허어. 저 놈이. 반가운 손님이 온 줄 아는구나.
　　　　　(그를 돌아다보며 웃고는 사랑채로 올라선다.) 이리로 들
　　　　　어와라.
히데요 : 큰어머님은요?
큰아버지 : 동네에 잔칫집이 있어서 거기 갔다. 사다꼬야.
　　　　　(부엌에서 조그만 계집아이가 나온다.) 너 가서 할머니
　　　　　오라구 해라. 손님 오셨다구. (아이는 "예" 하고 쪼르르
　　　　　달려 나간다. 큰아버지가 방석을 내민다.) 이것 깔구 앉
　　　　　아라. 바닥이 차다.
히데요 : 예.

큰아버지는 문갑 위에서 담배통과 재떨이를 들고 온다. 히데요는 주머니에서 라이터를 꺼내 큰아버지에게 불을 붙여드리고 나서, 통속의 하꾸조우(백조) 한 개비를 집어 든다. 담배를 문 채 큰아버지는 찻잔에 차를 담고 히데요는 가방에서 시집을 꺼낸다.

히데요 : 제가 이번에 시집을 하나 냈습니다. 형님들하고
　　　　누님 몫도 함께 가져왔습니다.
큰아버지 : 그래? 대단하구나.

큰아버지는 시집을 한 권 집어 들더니, 담뱃불을 끄고 처음부터 찬찬히 읽기 시작한다. 근 열 편을 읽고 나더니, 책을 덮고 얼굴에 웃음을 띠면서 말한다.

큰아버지 : 좋구나. 근데 난 요즈음 시들은 잘 모르겠더라.
히데요 : 저도 잘 모르는 시들이 많습니다. (그도 웃으면서
　　　　대답한다.) 옛날 한시나 하이꾸와는 다르죠.
큰아버지 : 너두 한시를 짓냐?
히데요 : 아닙니다. 기회가 있으면 가끔 공부하는 정돕니
　　　　다. 문득 조선이 궁금해져서 한시를 공부하기 시
　　　　작했습니다.

큰아버지 : 조선이?

히데요 : 예. 명색이 시인인데. 조선에 대해 아는 게 별로 없다는 생각이 들더군요. 조선인의 관점에서 세상을 바라보면 세상이 어떻게 보일까 궁금하기도 하구요. 조선인을 대변하는 시를 쓰고 싶습니다.

담배를 빨면서 무엇을 골똘히 생각하던 큰아버지는 혼잣말처럼 '때가 되었나?' 하고는 자리에서 일어나 서가로 가더니, 책들을 들고 돌아온다. 끈으로 맨 한적(漢籍)들이다. 큰아버지는 한 권을 펴서, 갈피에서 종이를 꺼내어 조심스럽게 펼쳐놓는다.

큰아버지 : 한 번 읽어봐라. 우리 선조께서 지으신 거다.
히데요 : 예. (읽는다.)
큰아버지 : 무슨 뜻인지 알겠냐?
히데요 : 잘 모르겠는데요. (옆머리를 긁으며 좀 겸연쩍게 웃는다.)
큰아버지 : 이 시의 제목은 「오자서묘」다. 오자서의 묘당이란 뜻이다.
히데요 : 오자서요? 잘 모르겠는데요. 오자서란 이름을 많이 듣긴 들었는데 …… 옛날 지나 사람이죠?

큰아버지 : 그래. 중국 사람이다. 중국의 춘추전국 시대 오나라의 충신이었지. 나라를 위해서 공을 세웠는데, 간신의 말을 들은 임금으로부터 자결하라는 명을 받았다. 그래서 그는 이렇게 유언했다. '내 무덤 위에 노나무를 심어라. 왕이 싸워 패하여 죽으면, 시체를 넣을 관을 짜도록 하겠다. 내 눈을 도려내어 동문 위에 걸어라. 오나라가 망하는 것을 보겠다.' 마침내 오자서가 예언한 대로 오나라 왕 부차는 월나라 왕 구천에게 패하여 죽고 오나라는 망해버렸다. 이젠 뜻이 통하냐?

히데요 : 아, 예. 기억이 나는군요. 『사기』 「열전」에서 읽었습니다. (그는 다시 시를 읽어본다.) 이제 알 것 같습니다. 누가 지은 신가요?

큰아버지 : 옛날 우리 선조 가운데 시를 잘 하신 분이 계셨다. 그분 함자는 이렇게 쓴다.

큰아버지는 공책에 글자를 써서, 그의 앞으로 돌려놓는다.

히데요 : 이 글자는 어떻게 읽나요? 그냥 '보꾸'라고 읽나요?

큰아버지는 그를 쳐다보더니 가볍게 한숨을 내쉬고 나서 눈을 스르르 감는다. 이내 눈을 뜨더니, 조용한 목소리로 말한다.

큰아버지 : '보꾸'라고 읽어야겠지 …… 조선말로는 '박(朴)'이라고 한다. 우리 집안 성이 원래 박씨였다.

뜻밖의 이야기에 그는 멀거니 큰아버지의 얼굴을 바라다본다. 큰아버지는 시가 적힌 종이를 가리킨다.

큰아버지 : 그 시는 네 할아버지께서 쓰셨다. 거기 적힌 이름이 네 할아버지 함자시다. 조선말루 읽으면 '박규진'이다. (멍한 표정의 히데요를 쳐다보고는) 우리 집안이 기노시다란 씨를 갖게 된 것은 기사년의 창씨개명 때였다. 우가끼 총독 때였지. 그러니까 지금부터 육십 년 전이다. 천황 폐하의 칙령으로 조선사람 모두가 일본식으로 이름을 바꾸게 되었었는데 …… 네 할아버지께서는 나와 네 애비에게 새로 씨와 이름을 지어주시구 나서, 조상들께 죄를 지었다구 스스로 목숨을 끊으셨다 …… 그것이 자결하시기 전에 남기신 유필이다. (히데요는 숨소리

조차 내지 못한다.) 네 애비는 아마 네가 이런 일들을 알기 바라지 않을 게다. 그러나 이제는 너두 알 때가 되었다는 생각이 들어서 하는 얘기다. 내가 이제 살면 얼마를 더 살겠냐? 내가 죽으면, 누가 이런 얘기를 너한테 해주겠니?

히데요는 간신히 '예.'라고 대답한다. 큰아버지는 할아버지의 유필을 조심스럽게 접고, 한적들을 그의 앞으로 밀어놓는다.

큰아버지 : 이것이 우리 죽산(竹山) 박 씨의 족보다.

맨 위에 있는 책의 겉장에 「竹山朴氏 文貞公派譜 卷五」라고 씌어있다. 그는 책을 집어 조심스럽게 펴 본다.

큰아버지 : 맨 뒤에서 세 번째 장을 봐라
히데요 : 예
큰아버지 : 거기 제일 아래에 모토노부(元信)라구 있지?
히데요 : 예
큰아버지 : 그것이 원래 내 이름이다. 조선말루 읽으면, '원신'이다. 다음에 마사노부(正信)라구 있는 것이

네 애비 이름이다. 조선말로는 '정신'이다.

히데요 : 박원신. 기노시다 헤이따로우 …… 박정신. 기노시다 헤이지로우. 도무지 이해가 되지 않습니다. 알 수가 없습니다. 성은 뭔가요? 씨가 아닌 성이 있었다니요?

큰아버지 : 내가 열세 살이구 네 고모가 아홉 살, 네 애비가 여섯 살 때였다. 그땐 우리가 쭈우슈우(忠州)에서 살았었다. 동네 사람들 모두가 창씨하고 개명했었는데. 하지 않구서는 배길 수가 없었으니깐. 그래도 우리 집안은 반년 넘게 하지 않구 버텼었다. 그러자 하루는 학교에서 조선 이름 가진 애들은 나오지 말라구 했다. 그래서 나하구 네 고모하구는 학교를 그만두게 되었지. 네 할아버지께서는 …… (큰아버지는 눈을 가늘게 뜨고 먼 눈길로 허공을 응시한다. 눈가에 물기가 어린 듯도 하다. 한참 지난 뒤 그는 착 가라앉은 목소리로 말을 잇는다.) 네 할아버지께서는 날 불러 앉히시구 말씀하셨다. '학교에 가구 싶지?' 내가 고개를 끄덕이자, '내일부터 학교에 가도록 해주마'라고 말씀하셨다. 그날로 면사무소에 나가셔서 기노시다루 창씨하시고 이름을 일본식으로 바꿔 오셨다. 그 다음날 학교에 갔다 오니 …

… (다시 말이 끊긴다.) …… 학교에 갔다가 돌아오니 초상집이더라. 우리가 학교에 가자, 네 할아버지께서는 창씨개명 한 것을 사당에 고하시구, 혼자 뒷산에 올라가셔서 …… 사람들이 끈을 풀었을 때는 이미 ……

히데요는 움켜쥐고 있던 손을 풀고 차를 마신다. 손이 떨린다.

큰아버지 : 우리 집안은 훌륭한 가문이다. 우리 박씨의 시조인 박혁거세라는 분은 신라를 세우신 분이다. 우리는 왕족이었다.
히데요 : 신라요? 나라이름인가요?
큰아버지 : 신라는 옛날 조선의 이름이었다. 아주 옛날 일이지 …… 나도 잘은 모른다. 학교에서 가르치는 것도 아니고. 물어볼 사람도 없고. 나 혼자 어떻게 배워서 안거다 …… 그때는 조선이 조선 반도만이 아니고 만주까지 차지했었지. 일본은 지금 내지만이었고. 조선은 세 나라로 갈려 있어서 삼국시대라고 하는데. 그 세 나라 이름이 신라, 고구려, 백제였다. 지금부터 근 이천 년 전 얘기다. 박 씨

는 중국에도 일본에도 없는 성이다. 오직 조선 땅에만 있었다. 우리가 옛날에 왕족이었다는 것을 잊지 말아라.

히데요 : 예 …… 그렇지만, 큰아버님. 조선 사람들은 …… 스사노오 노미꼬도의 후손 아닙니까?

큰아버지 : 스사노오 노미꼬도? 흥. 그건 그저 일본 신화일 뿐이야. 다 일본 사람들이 꾸며낸 얘기다. 조선 사람들을 속여서 종으로 만들려고. 일본이 조선 땅에 들어온 것은 백 년도 채 못 된다. 조선 역사는 사천 년도 넘는다. 아마데라스 오오미까미의 동생 스사노오 노미꼬도가 조선 사람들의 시조라구? 흥, 어린애 같은 수작이지.

히데요 : 그렇지만 지금 큰아버님께서 하신 말씀을 뒷받침할 증거가 없잖습니까? 스사노오 노미꼬도에 관한 것은 모든 역사책에 나오구요.

큰아버지 : 증거? 흐음. 증거라. 하긴 증거가 있어야 하겠지 …… 바로 네 앞에 있는 우리 죽산 박 씨의 족보가 바로 그 증거다. 창씨개명 할 때 족보를 죄다 뺏아다가 태워 없애서, 이젠 족보를 가진 집안도 드물게다. 그때 족보를 뺏기지 않으려고 사람들은 필사적이었었다. 숨기느라고 별짓을 다했었지. 순

사들과 헌병들은 눈이 시뻘게가지구 미친개들처럼 찾아 다녔고. 빼앗긴 사람들 가운데는 자살한 사람도 있었다. 이 족보를 숨겨 오느라고 고생한 생각을 하면 …… 지금도 찾아보면 남아 있을 게다. 증거가 필요하다면 말이다. 큰 나무의 뿌리는 여간해서 다 파내기 힘든 법이니라. 파내면 웅덩이라도 남는 법이지. 하물며 한 민족의 뿌린데야 ……

히데요 : (잠시 생각하다가) 그렇지 않아도 이상한 책을 하나 보았습니다. 사노 히사이찌라는 일본인이 쓴 「독사수필(讀史隨筆)」인데요. 그 책에 '조선 정부'라는 표현이 있더군요. 19세기 후반에 '동학란'이라는 게 있었는데, 조선 정부의 힘만으로는 도저히 수습할 수 없어 일본과 청이 출병해서 수습해야만 했었다는 내용이었습니다. 이제야 이해가 되는군요. 일본이 들어온 것은 채 100년이 되지 않고, 그 전에는 조선이 독립된 나라였군요. 그래서 역사책에 조선의 역사는 그동안 백지로 남겨져 있었던 것이군요 …… 썩어 지지 않고 …… 아니 …… 지워진 것이었군요.

큰아버지 : (또 다른 책을 내밀며) 너가 시를 쓴다니. 이 책을

소개해 주고 싶구나. 꼭 읽어봤으면 좋겠다.

히데요 : (표지를 읽는다.) 『조선 고시가선(朝鮮古詩歌選)』, 후지와라 다까지까 편, 다이쇼우 8년, 교우도우 하도이도우 ……

큰아버지 : 여기 위에 좀 큰 글씨로 씌여진 한자와 낯선 글자가 원문이고, 그 아래에 가나로 쓰인 것이 번역이다. 이 낯선 글자가 조선의 글이다. '언문'

히데요 : 조선의 글?, '언문!'

큰아버지 : 여기 이렇게 쓰여 있구나. 음 …… '어느 민족의 문화적 유산이든, 그것이 사라지는 것은 슬프고 아쉬운 일이다. 조선과 같이 일찍부터 문화가 발달했고 이웃 나라의 문화 형성에 크게 기여했던 나라의 그것이 사라지는 것은 더욱 그렇다. 조선이 일본에 합병된 지 십년이 채 못 되었는데 벌써 조선의 고유문화는 많은 손상을 입어서, 뜻있는 사람들의 마음을 아프게 하고 있다.'

히데요 : 이 책이 다이쇼우 팔년에 나왔는데 …… 조선이 일본에 합병된 지 십년이 채 되지 않았다면, 조선이 합병된 것이 메이지 말년 아니면 다이쇼우 초년 …… 그렇다면 …… 74년이나 75년 전이라는 얘기가 되는군요.

큰아버지 : 그렇지.

히데요 : 아, …… 백년도 채 안되는군요. 그전에는 조선이 조선이었군요. 조선……

  어둠 속에서 두 사람이 함께 서툰 조선어로 시를 읽어가는 소리가 들린다.

    이화에 월백하고 은한이 삼경인제
    일지춘심을 자규야 아랴마난
    다정도 병이냥 하야 잠 못 드러 하노라.

히데요 : (작은 목소리로) 배워야 겠어요. 언문을 ……

3장 식민지의 여름

히데요가 근무하고 있는 한도우 경금속은 호주 유사라무와 합작을 추진하고 있다. 유사라무의 대표로 파견되어 있는 앤더슨이 히데요와 회의를 하고 있다.

히데요 : 오래 걸릴 것입니다. 아시겠지만, 정부의 허가 절차는 무척 복잡합니다. 우선 조선총독부의 허가가 나와야 합니다. 주무 부처는 대외협력국인데, 다른 관련 부처들과의 협의를 거쳐 120일 안에 허가 여부를 결정하도록 되어 있습니다. 그 다음에는 내각의 허가가 필요합니다. 그래서 총독부의 허가를 얻은 뒤 30일 안에 경제기획원에 신청하도록 되어 있습니다. 경제기획원은 역시 120일 안에 허가 여부를 결정하도록 되어 있습니다. 그러니까 조선총독부에 신청한 뒤에도 일단 240일은 걸린다

고 봐야겠죠.

앤더슨 : 240일이면 8개월인데. 좀 길군요. 시일을 단축할 방도가 없을까요? 지금 한도우는 계속 큰 적자를 내고 있으니, 합작 투자가 빠를수록 성공적일 가능성이 높지 않습니까?

히데요 : 압니다. 신청서를 낸 다음엔 한껏 노력해봐야죠. 240일이란 기간은 당국에서 처리하는 시한을 뜻하는 것이니까, 노력하면 상당히 단축시킬 수 있을 것입니다. 관료들이란 원래 관료적 아닙니까?

둘은 서로 마주보고 웃는다.

앤더슨 : (조심스럽게) 궁금한 것이 있습니다. 국가보안처라는 기구가 무엇을 하는 곳입니까?

히데요 : 국가보안처요? (뜻밖의 질문이라는 듯 앤더슨을 쳐다본다.)

앤더슨 : 작년 말에 국가보안처의 차장이 주일 미국 대사관의 상무관과 유사라무의 도우꼬우 지사장을 식사에 초대했답니다. 그 자리에서 그는 한도우와 유사라무 사이의 합작 투자는 미국과 일본 두 나라에 모두 유익한 사업이니 적극적으로 도와주겠

다고 했답니다.

히데요는 말없이 고개를 끄덕이다가 떨떠름한 표정으로 대답한다.

히데요 : 국가보안처는 수상 직속의 기구로 매우 강력한 곳입니다. 원래 국가의 기밀을 보호하는 것을 목적으로 설립된 기구인데, 기구가 비대해져서 요사이는 여러 가지 일에 관여하는 것 같습니다. 아마 우리 합작 투자가 외교적인 측면에서도 중요한 뜻을 지닌다고 판단한 모양입니다.

앤더슨 : 그렇군요.

히데요 : 그럼, 회의는 이 정도로 하고. 앤더슨씨, 이번 기차 여행에 대해 얘기해주시겠습니까? 일본을 다녀 보시니 어떻습니까?

앤더슨 : 예. (그는 잠시 생각하다가 망설이며) 무엇보다도 …… 조선 해협의 양쪽이 서로 많이 다르다는 점을 느꼈습니다. 조그만 해협으로 나뉘었는데도, 일본 열도와 조선 반도 사이에는 많은 차이점이 있더군요. 한 나라고, 말과 글이 같고, 모든 제도들도 같아서, 언뜻 보기에는 비슷하지만, 가만히 살펴보

식민지의 여름

면 확연히 다르거든요. (히데요의 안색을 살펴보며) 물론 한 나라 안의 여러 지방들에 각각 그 나름대로의 특색이 있다는 것은 좋은 일이라고 생각합니다. 미국의 경우 그것이 바로 가장 큰 특색이죠. 그리고 가장 큰 장점이라고 말하는 사람들도 있습니다. 그런데 흥미 있는 것은 전통 유산이 조선 반도보다 일본 열도에 훨씬 잘 보존되어 있다는 사실입니다. 언뜻 생각하기엔, 일본 열도가 제국의 중심지라 전통적인 것들이 덜 남았을 것 같은데, 실은 그렇지가 않더군요.

히데요 : 경제개발을 급하게 추진하다보니 그런 것 같습니다. 총독부에서도 이젠 사회 복지를 고려한 경제 정책을 펴나가겠다고 하니 좀 나아지겠죠.

앤더슨 : 재미있는 얘기군요. 그런데 …… 실례지만 이 글을 좀 보시겠습니까?

앤더슨은 잠시 생각하다가 가방을 열어 잡지 한 권을 꺼내 히데요에게 건네고는, 말없이 자리에서 일어나 창밖을 본다.

히데요 : 「뉴스월드」지네요? 흥미로운 기사가 실렸나요?

(잡지를 받아 제목을 읽는다.) '식민지 문제! 쉬운 해결책이 보이지 않는 식민지 문제가 세계를 불안하게 만들고 있다.'(더이상 소리를 내지 못하고 속으로 읽는다.)

앤더슨 : 얼마 전 불란서 영토인 인도차이나 북부에서 불란서 군이 월남 좌익 독립 운동 단체에 의해 크게 피해를 입은 사건이 있었습니다. 그걸 계기로 해서 꾸며진 특집인 것 같습니다.

히데요 : (당황하며 떨리는 작은 목소리로) 아, 인도지나에서 독립 운동이 일어나고 있군요. 아, 독립! …… 조선에선 …… 우리는 식민지라는 사실조차 깨닫지 못하고 있는데 ……

앤더슨 : (히데요의 표정을 유심히 지켜보다가) 기노시다씨는 관심이 있으실 줄 알았습니다. 기사에 보면 상해에 대한민국임시정부가 있다는 내용도 있습니다. (인기척이 나자 은밀한 목소리로) 가져가서 보시겠습니까?

히데요 : 예. 고맙습니다.

도끼에가 밝고 화사한 모습으로 들어온다.

도끼에 : 회의는 끝나셨나요?

   두 남자가 동시에 환한 얼굴로 그녀를 맞는다. 앤더슨은 다정하게 그녀를 자리에 앉히고 그녀의 웃옷을 받아 자신의 팔에 걸쳐들고 선다. 그 모습을 지켜보는 히데요의 표정에 무언가 쓸쓸함이 지나간다.

히데요 : (억지로 웃으며) 앤더슨씨.
앤더슨 : 예?
히데요 : 이번 협상에선 제가 크게 손해를 봤습니다. 당신은 제가 상대하기엔 너무 능란한 사업가입니다.
앤더슨 : 정말 그렇게 생각하십니까? 저는 그 반대라고 생각하는데요.
히데요 : 아닙니다. 제 말은 사실입니다. 첫째, 유사라무는 이번 합작 투자 협상에서 얻고자 한 것을 다 얻었습니다. 그것도 아주 유리한 조건으로. 둘째, 당신은 지금 한도우 경금속에서 가장 예쁘고, 가장 유능하고, 가장 장래가 촉망되는 직원을 데려가고 있습니다.

   앤더슨이 얼굴에 웃음을 띠다가 이내 지우더니, 그에

게 허리를 깊숙이 굽혀 정중하게 절했다. 도끼에가 웃는다.

도끼에 : 에릭은 ……
히데요 : 에릭이라? 이제 서로 이름을 부르는군. 그렇게 가까워진 거야. 그새?
도끼에 : 과장님도 참.
히데요 : 하긴 결혼을 앞두고 있으니 당연하지.
도끼에 : 아무튼 앤더슨씨는요, 합작 투자 협상을 하면서 과장님께 줄곧 설득만 당했다고 하던데요. 훌륭한 협상가라고 과장님 칭찬을 여러 번 했어요. 과장님은 대단하셔요.
히데요 : 두 사람이 짜고 나를 놀리나?
도끼에 : 그럴리가요. 게다가 과장님께선 그런 재능을 지신을 위해서 쓰지 않으시잖아요. 메이지 유신 때 지사들이 그러셨겠죠?.
히데요 : 허허. 내가 지금까지 들어본 것 가운데 가장 큰 칭찬이군. 하지만 시마즈양, 나는 그런 사람이 못 돼. 그릇이 너무 작아. 그리고 난 시인으로 태어났어. 정치하고는 인연이 없어. (앤더슨을 슬쩍 쳐다보다가 왠지 비감한 목소리다.) 게다가 난 조선인이잖아?

식민지의 여름

내가 조선인이라는 현실을 무시할 순 없어.

도끼에 : 그렇지만 과장님이라면 그런 약점을 충분히 극복하실 수 있을 거예요.

히데요 : 조선인에겐 모든 문제가 결국 자신이 조선인이라는 사실로 귀착되는 것 같아. 이번 승진에서 어이없게 밀리는 것도 봤잖아? 마흔 살이 다 되고서야 깨달은 거야.

도끼에 : 조선인, 내지인 하고 따지지 않는 세상이 왔으면 좋겠어요. 한 나라, 한 민족인데 ……

히데요 : 내가 괜한 얘기를 했군.

앤더슨 : 저녁 식사를 하러 가시죠?

히데요 : 그럽시다. 내가 쏘겠습니다. 두 사람의 결혼을 축하하는 의미로. (도끼에를 보며) 알다시피 내지로 출장을 가야해서 결혼식에 참석하지 못할 듯하니 말이야.

도끼에 : 그러게요. 섭섭해서 어떡해요. 과장님의 축복을 꼭 받고 싶었는데요.

히데요 : 축복하는 마음은 내가 어디 있으나 마찬가지랍니다. 두 사람은 정말 아름다운 커플이에요. 행복하게 살 거라 믿어요.

앤더슨과 도끼에가 감사를 표현한다. 인사를 마치고 나갈 준비를 하면서 히데요는 창밖을 내다본다.

히데요 : 야경이 곱네.
도끼에 : 그러게요.

어둠 속에서 히데요의 목소리가 들린다.

> 어저 내 일이여 그럴 줄을 모르더냐
> 있으랴 하더면 가랴마는 제 구타여
> 보내고 그리는 정은 나도 몰라 하노라.

4 장　비 내리는 도우꾜우, 가을

　히데요가 도우꾜우에 출장 와서 머물고 있는 하숙집이다. 하숙집은 방학이라 조용하다. 깊은 밤 보슬비가 내리고 있다. 갑자기 포성과 함께 여러 발의 총소리가 들린다.

히데요 : 전투가 벌어진 것인데, 도우꾜우 한복판에서 …… 정변?

　그는 잠시 망설이다가, 일어나 옷을 입는다. 그가 마당에 서서 총소리가 나는 방향을 찾고 있는데, 옆방 학생이 문을 열고 나온다. 고등 문관시험 공부를 하고 있다는 메이지 대학 법학부 4학년 학생이다.

학생 : 아저씨, 무슨 일일까요?

히데요 : 글쎄요, 포성이 나는 것으로 봐선, 전투가 벌어 진 것 같은데.
학생 : 어디서 싸우나요?
히데요 : 소리가 나는 게 이 방향인데 …… 이쪽에 황궁이 있죠?
학생 : 예. 꽤 먼데서 나는 소리죠? 황궁 건너가 가스미가 세끼인데 ……
히데요 : 가스미가세끼면 관청가죠?
학생 : 예. 심상치 않죠? 정변이 일어났는지도 모르죠?
히데요 : 지금 몇 시나 됐어요?
학생 : 2시 40분이 조금 지났는데요.

안채의 방문이 열리고, 주인아저씨와 아주머니가 황급히 잠옷 바람으로 나온다.

주인아저씨 : 무슨 일이야, 이게?
주인아주머니 : 총소리지요? 어구. 무서워라.
주인아저씨 : 총소리만이 아니야. 이건 대포소리라고.
학생 : 아무래도 정변이 일어난 것 같은데요. 총소리가 가스미가세끼 쪽에서 나요.
주인아저씨 : 그래? 정변이라! 방송을 한 번 들어볼까.

라디오 주파수를 맞춰보지만 군대음악만 계속 나올 뿐이다. 잠시 후 음악이 그치더니, 아나운서의 다급한 목소리가 나온다.

'긴급 뉴스를 말씀드리겠습니다. 오늘 새벽 애국 황군은 나약한 매국 외교로 국익을 해치고 일부 난동 세력의 질서 파괴행위를 방관하여 사회적 혼란을 야기 시킨 사또우 게이스께 내각의 실정으로부터 국가를 구하기 위해 과감히 궐기하였습니다. 애국 황군은 모든 국가 권력을 장악하고, 당분간 국사를 처리할 '호국군사위원회'를 설치하였습니다. 다음은 오늘 새벽 호국군사위원회가 내건 공약입니다. 첫째, 일부 불순 세력에 의해 야기된 사회적 혼란을 신속히 극복하고 법과 질서를 회복시켜, 국기를 다진다. 둘째, 황실의 안녕과 국민의 복리를 위해 최선을 다한다. 셋째, ……'

뉴스가 끝나자 다시 군대음악이 나온다. 문득 요란한 소리를 내며, 네다섯 대쯤 되는 전투기 편대가 낮게 날아간다. 유리창이 덜덜거린다. 잠시 뒤에 폭음이 들린다.

히데요 : 공습이군요.
주인아주머니 : 전쟁이 일어난 거 아니예요?
학생 : 전쟁은 아니구요, 아마도 육군과 공군이 싸우는 모

양이예요, 아주머니.
주인아주머니 : 우리나라 군대끼리 왜 싸워요?
주인아저씨 : 육군과 공군은 입장이 다르지.

　다시 전투기 편대가 낮게 날아간다. 잠시 뒤에 폭음이 은은하게 들려오고, 비는 점차 거세게 쏟아진다.

학생 : 잘들 논다.
주인아저씨 : 이 새벽에 무슨 난리람. 비도 오는 데. 에이, (히데요를 보며) 잠도 깼으니 우리 정종이나 따끈하게 데워 먹을까요?
히데요 : 좋지요. 그렇잖아도 한 병 사둔 게 있습니다.

　히데요는 정종을 가지러 방으로 들어가고 주인아주머니는 술상을 차린다. 갑자기 술자리가 만들어진다.

학생 : 성명까지 나온 거 보면 이번 혁명은 확실히 성공한 거네요.
주인아저씨 : 수도를 장악한 육군에다가 전 육군의 삼분지 이가 되는 병력을 보유한 야전 부대가 합치면, 얘기가 끝난 거지. 내 생각엔 관동군이 적극적으로

협력했을 거야. 아니면 적어도 묵시적으로 동의했을 걸.

학생 ; 공군이 안 되겠죠?

주인아저씨 : 택도 없지. 다시 또 육군 세상이 되는 거지.

학생 : (걱정스럽게) 빨리 결말이 나야지, 고등문관시험을 봐야 하는 데 ……

주인아저씨 : (놀리듯이) 어쩌나, 올해 시험이 제대로 치러지기는 어렵겠는데.

학생 : 에이, 씨. 그러게요. 앞으로 정세는 어떻게 돌아갈까요?

주인아저씨 : 글쎄, 우선 만몽 지역의 전쟁이 당분간 계속 되겠지. 사또우 내각의 외교 정책에 육군이 반발해서 이번 정변을 일으킨 거니까. 사실 그렇게까지 지공에 양보하면서 휴전을 서두를 필요는 없었거든. 우리가 크게 불리한 싸움이 아닌데. 국내적으로는 문제가 좀 있겠지. 이번 일로 우리나라 정치가 또 뒷걸음질을 친 셈이니까. 군인들이 권력을 쥔 거야 이전이나 같지만 말야 ……

학생 : 우리나라에도 민주주의가 제대로 자리 잡을 날이 올까요?

주인아저씨 : 언젠가는 오겠지만. 2억 2천만 인구에 2백만

이 넘는 군대를 유지하려니까 군부가 강해질 수밖에.

히데요 : 그러면 줄이면 될 것 아닙니까?

주인아저씨 : 그건 얘기하기는 쉬워도 실행하기는 무척 어려운 일입니다. 더욱이 지금의 국제 정세로는 불가능하죠. 지공과 전쟁을 하고 있는 판에 ……

히데요 : 지공과 휴전하면 되지 않습니까? 지공과의 전쟁은 국제적으로도 명분이 없으니 국익에 도움이 되지 않는다고 봅니다. 더욱이 이제는 지공과의 전쟁 때문에 만주국의 정세까지도 불안해지는 모양이던데요.

주인아저씨 : 그건 그래요. 잘못 시작한 전쟁이죠. 그렇다고 해서, 손해를 보면서까지 휴전을 해서는 안돼요. 그리고 지공과 휴전한다고 해서, 문제가 다 해결되는 것은 결코 아닙니다. 노서아와 지공으로부터 만주국을 지키려면, 지금의 병력을 그대로 유지해야 될 겁니다. 대안이 없습니다.

히데요 : 만주국은 일본의 영토도 아니고, 식민지도 아닌데. 왜 만주를 꼭 지켜야만 하죠? 관동주만 지키면 될 것 아닙니까?

주인아저씨 : (고개를 저으며 단호한 어조로) 그렇지 않습니다.

일본으로서는 만몽지역은 결코 외국이 아닙니다. 만몽, 특히 만주국은 일본의 이익선 안에 있습니다. 일본의 주권선은 조선 국경이지만, 만주를 포기하면, 우리나라는 하루아침에 이류 국가로 전락하고 맙니다. 일본제국의 경제에 만주가 차지하는 비중은 절대적이니까요. 거기다가 지나가 지공 정권에 의해 통일된다면, 순식간에 일본보다 강해질 것 아닙니까? 지금 지나인이 10억이 넘습니다. 10억 인구가 뭉치는 것을 상상해보세요. 등골이 오싹하지 않습니까? 기노시다씨, 그 사실을 잊어서는 곤란합니다.

거세게 빗줄기기 쏟아진다.

학생 : 결국 만주국이 있고 조선이 식민지로 남아 있는 한, 일본에 진정한 민주주의는 불가능하다는 얘기가 되네요.
히데요 : (작은 목소리로) 그것이 일본이 받는 천벌일까? (자신의 말에 깜짝 놀라 말을 바꾼다.) 하여튼 빨리 시국이 안정되야 할 텐데요. 그만들 싸우고 ……
학생 : 정말 그래요. 우리 일본은 어쩔 수가 없어요. 독재

자가 필요하다니까요. 누가 강력하게 시국을 안정시키고, 일이 제대로 돌아가도록 해야지. 이러다간 ……

학생이 분기를 보이자 다들 웃는다.

히데요 : 학생은 민주화를 부르짖다가 독재자를 찾네. 하하.
주인아저씨 : 그게 우리 인간의 한계지요. 하하. (잠시 말을 멈추고, 잔을 비운다.) 술맛 괜찮은데, 기노시다씨 덕분에 오늘 호강합니다.
히데요 : 별 말씀을. 그렇지 않아도 돌아갈 날도 얼마 남지 않아 자리를 마련하려 했는데 잘됐습니다.
주인아저씨 : 그동안 인사도 제대로 못하고, 떠나실 때가 되니 이렇게 자리가 됩니다. 하하.
학생 : 그것도 공습 덕분에요.
주인아저씨 : 재미있는 세상이야. 그런데 여기 일은 다 끝나셨나봅니다. 합작일로 오셨다고 했지요?
히데요 : 예, 경제기획원의 합작 투자 허가서가 필요해서요. 다행히 며칠 전에 받았습니다.
주인아저씨 : 그럼 바로 가시려구요.

히데요 : 아니요, 아직 출장기간이 좀 남아서, 여기저기 구경도 좀 하고. 책도 좀 찾아볼게 있구요.
주인아저씨 : 가을이라 여행하기 좋겠습니다. 여기야 시끄럽지만 도우꾜우만 벗어나면 괜찮을 겁니다. 군인끼리 박 터지는 거지 서민들이야 뭐.

아주머니가 술과 안주를 더 가지고 들어오자 기분 좋게 술자리가 이어진다.

히데요 : 아주머니도 같이 한 잔 하시지요. 자, 이리 앉으세요. 비도 오고 총소리도 들리고 술맛 나는 밤입니다. 하하.

어둠 속에 들리는 히데요의 목소리가 왠지 서글프다.

바람도 쉬여 넘난 고개 구름이라도 쉬여 넘난 고개
산진이 수진이 해동청 보라매라도 다 쉬여 넘난 고봉 장성령 고개
그 너머 임이 왔다 하면 나난 아니 한번도 쉬여 넘으리라.

5 장   서리 내리다.

I.

문이 삐거덕하고 열리더니, 철컹하고 닫히는 소리가 난다. 불이 들어오면 히데요는 줄에 묶인 채 의자에 앉아 있다. 그는 가물거리는 정신을 다잡아 고개를 든다. 고개가 무겁다. 눈꺼풀이 제대로 떨어지지 않아서, 그는 몇 번 눈을 껌벅거린다.

취조관 : 그럼 시작할까? 이름?
히데요 : 예?
취조관 : 야, 임마. 귀 없어? 이름이 뭐야?
히데요 : 아, 예. 기노시다 히데요입니다.
취조관 : 신민번호?
히데요 : 아, 예. 저어 …… 이삼일공일팔 삼공삼칠오칠육 공입니다.

취조관 : 본적?

히데요 : 쭈우쇼우호꾸도우(忠淸北道) 세이슈우후(淸州府) ······

취조관 : 어째서 조선어하고 조선 역사에 대해 관심을 갖게 되었나?

히데요 : 아까 말씀드린 대로 제가 시를 씁니다. (여러 번 반복한 듯 말이 기계적으로 빨리 나온다.) 제 시는 주로 우리 일본의 전통적 정서에 바탕을 둔 것입니다. 그래서 자연히 우리나라의 전통과 역사에 관심을 가졌었죠. 그러다가 제가 조선인이니까 아무래도 조선에 대해 좀 알아야 되겠다는 생각을 갖게 되었습니다. 그래서 조선에 관한 자료를 찾게 된 것입니다.

취조관 : 이 자식이 누굴 바보로 아나? 똑바로 말해.

히데요 : 예? (멍한 얼굴로 되묻는다.)

취조관 : 너 임마, 지금 누굴 희롱하는 거야? 맛을 봐야, 정신을 차리겠어? 똑바로 말해. 누구 얘길 듣고 이런 불온한 짓을 한 거야?

히데요 : 결코 그런 것이 아닙니다. 전 다만 한 사람의 시인으로서 좀 더 나은 시를 ······

취조관 : 할 수 없군. 조선 놈하고 명태는 두들기면 두들

길수록 맛이 좋아지지.

어느 사이에 일어났는지 취조관이 다가가자, 히데요는 허벅지에 말할 수 없는 아픔을 느끼고 쓰러진다. 이어서 구둣발이 정강이를 모질게 걷어찬다. 비명소리.

II.

히데요는 여전히 의자에 앉아있지만 묶이지는 않았다. 취조관의 목소리도 이전 보다는 한결 부드럽다.

취조관 : 『조선 통사』『조선어 회화』『삼국사기』전질, 김천택의 『청구영언』『영한사전』『조불사전』『한불즈전』 많기도 하네. 누가 시켰어?
히데요 : 누가 시킨 것은 정말 아닙니다. 저 혼자 조선에 관해서 공부해보고 싶어서 복사해가지고 온 겁니다. 믿어 주십시오.
취조관 : 당신 얘기는, 누가 가르쳐 준 것도 아니다. 무슨 특별한 계기가 있었던 것도 아니다. 그런 얘긴데 …… 그럼 우연히 조선어와 조선 역사에 대

해 알게 되었다는 얘기가 되는데 …… (말을 멈추고 그의 얼굴을 찬찬히 바라보며 고개를 젓는다.) 그걸 나보고 믿으란 말인가?

히데요 : 말씀드렸다시피. 제가 조선의 전통과 역사에 대해 알고자 한 것은 전통적 서정에 바탕을 둔 시를 쓰는 시인으로서는 당연하고 자연스러운 일이었습니다. 누구의 얘기를 듣고 조선에 대해 관심을 갖게 된 것은 아닙니다. 내지 시인이 내지의 역사에 대해 관심을 갖는 것이 당연하다면, 조선 시인이 조선의 역사에 관심을 갖는 것도 자연스러운 일 아니겠습니까? 다만 …… (취조관은 말없이 차가운 눈길로 그를 바라보고 있다.) 다만 제게 조선어로 쓰인 책을 준 사람이 한 분 계시긴 합니다.

취조관 : 계속하시오.

히데요 : 그러니까 지난 유월이었습니다. 제 장모께서 돌아가셨습니다. 처가가 모또야마(元山)입니다. 그래서 장례를 암뺑(安邊) 샤꾸오우지(釋王寺)에서 치렀습니다. 그곳에서 우연히 노사(老師) 한 분을 만났습니다.

취조관 : 노사?

히데요 : 예, 나이가 많이 드신 스님이셨습니다. 지금은

돌아 가셨는데요 ……

취조관 : 계속하시오.

히데요 : 쇼우고우(小空) 스님이란 분이셨습니다. 그 스님과 우연히 한시에 대해 얘기를 하게 되었습니다. 나중에 안 일입니다만, 그분께선 시집도 내신 시인이셨습니다. 저도 시를 쓰고, 그분도 시를 쓰는 분이시고 …… 그래서 자연히 얘기가 길어졌습니다 ……

III.

석왕사. 낮고 낭링한 염불 소리가 들린다. 목탁을 치는 사람은 나이가 많이 든 스님이고, 그 옆에 사미가 앉아 있다.

히데요 : 스님. (두 손을 바닥에 대고 스님에게 절을 올린다.)

소공스님 : 무슨 일이신가?

히데요 : 실은 제가 …… 글을 한 편 보았는데 읽을 줄을 몰라서요 …… 혹시 스님께서 아실까 해서 이렇게 무례한 줄 알면서도 …… 죄송합니다.

소공스님 : 무슨 글이신가?

 그는 안주머니에서 메모지를 꺼낸다. 〈옛 절을 지나며〉라는 오언절구가 적혀 있다.

소공스님 : 서산대사께서 지으신 시로구먼. 무엇을 알고 싶으신가?
히데요 : 저는 조선말을 모릅니다. 어떻게 배울 기회가 생긴 덕분에 조금 떠듬거리는 정돕니다. 그 시를 조선말로 듣고 싶습니다. 스님께선 연세가 많으시니, 조선말을 아실 것 같아서 …… 한 번 낭송해주셨으면 합니다.
소공스님 : 화락승장폐. 춘심객불귀.(花落僧長閉. 春尋客不歸) 풍요소학영. 운습좌선의.(風搖巢鶴影. 雲濕座禪衣)
히데요 : 스님, 한 번 더 들었으면 합니다. 제 평생에 조선 사람이 조선말을 하는 것을 들은 것은 이번이 처음입니다.
소공스님 : (한 번 더 읽고는) 이 시는 어디서 나셨는가?
히데요 :「조선 고시가선(朝鮮古詩歌選)」이요. 어느 날 이 책이 집안에 내려오던 것임을 알게 되었습니다.
소공스님 : 서산대사의 시를 또 아시는가?

히데요 : 모릅니다. 그 책엔 그 글 하나만 나와 있었습니다.

소공스님 : 처사는 왜 이 시를 조선말로 듣고 싶어 하시는가?

히데요 : 조선 사람이 쓴 글은 한시라고 하더라도 조선말로 읽어야 제대로 이해하고 감상할 수 있다고 생각합니다. 실은 제가 시를 씁니다. 이번에 시집도 한 권 냈습니다. 물론 일본어로 쓰죠. 전에는 조선말이나 조선 글이 있는 줄도 몰랐었습니다. 그러나 아까 말씀드린 「조선 고시가선」이란 책을 얻게 되어, 조선 글을 대했습니다. 물론 조선 글을 모르니까, 일본어 번역으로 읽었죠. 일본어 번역으로는 아무래도 미흡했습니다. 그래서 조선말로 읽어 보려고, 조선말을 공부하기 시작했습니다. 저 혼자 공부해서 읽었더니, 아무래도 마음에 차지 않더군요. 태어날 때부터 조선말을 배워 자연스럽게 쓰던 사람이 조선 글을 읽는 것을 듣고 싶었습니다. 그래서 이렇게 무례를 무릅쓰고, 스님께 ……

소공스님 : (눈을 감고 한참 동안 말이 없더니 사미를 부른다.) 얘야.

사미 : 예.

소공스님 : 가서 시렁 왼쪽에 있는 책 상자를 가지고 오너라. 자줏빛 보자기로 싼 것 말이다.
사미 : 예. (스님은 눈을 감고 몸을 좌우로 가볍게 흔들고 있다. 사미는 곧 돌아와 보자기에 싼 것을 내려 놓는다.) 스님, 가져왔습니다.

　스님이 눈을 뜨고, 보자기를 풀었다. 바짝 마른 손이 떨려서 제대로 풀어지지 않는다. 조그만 나무상자가 나온다. 스님은 상자를 열어 한 권을 꺼내어 그에게 내민다.

소공스님 : 이걸 한 번 읽어보시오.
히데요 : 예. 강류우웅(韓龍雲)이란 사람이 쓴 『님의 침묵』이란 시집이네요. (눈으로는 시를 읽으며) 강류우웅이란 분은 어떤 분이신가요?
소공스님 : 조선말로 읽으면 '한용운'이오. 호를 만해라고 하신 스님이셨소. 큰스님이셨지. 난 생전에 뵙지 못했는데, 그게 지금도 아쉽거든.
히데요 : 스님이 이런 시를 쓰셨나요? 잘 믿어지지 않는데요.
소공스님 : (빙그레 웃으며) '남녀상열지사' 라서? 불편하시

면 편히 앉으시오

히데요 : 예. (그는 열쩍은 웃음을 지으며, 저린 다리를 천천히 펴서 책상다리를 한다.)

소공스님 : 만해스님은 보통 불자가 아니셨소. 대단한 분이셨지. 이 상자 안에 든 책들이 모두 그분께서 쓰신 것이오. 그리고 정사년 만세 운동 때도 그분이 우리 불가를 대표하셔서 주동하셨었지.

히데요 : 정사년 만세 운동이요? 정사년이면 몇 년인가요? 올해가 정묘년이니까 ……

소공스님 : 만해스님은 대처를 주장하신 분으로, 스스로 혼인을 하셨소. 그러니까 남녀상열에 관한 시를 썼다고 해도 이상할 것은 없지.

히데요 : 아, 그렇습니까?

소공스님 : 또는 그 시가 단순히 남녀상열에 관한 것만이 아닐지도 모르고. (스님은 정색을 하고 그를 쳐다본다.) 그분은 만세 운동으로 감옥에 갔다 오신 분이시니까. 조선이 다시 독립할 수 있는 길을 찾으려고 평생을 애쓰시다가 돌아가셨거든. 우리 남자들은 어지간하면 한시를 짓게 마련이요. 하지만 언문으로, 순수한 조선 글로, 시를 쓴 사람은 드물지. 만해 스님은 언문으로 시만 쓰신 게 아니고, 언문으

로 소설도 쓰셨소.

히데요 : 언문으로요? 소설까지? (놀라서 떨며) 스님, 다시 한 번 낭송해주십시오.

　

스님이 고개를 천천히 끄덕이고 책을 받아든다. 어둠 속에서 스님의 목소리가 들린다.

> 님은 갓습니다 아〻 사랑하는 나의 님은 갓습니다
> 푸른 산빗을 쌔치고 단풍나무숩을 향하야 난 적은 길을 거러서 참어 쩔치고 갓습니다
> 황금의 쏫가티 굿고 빗나든 옛맹세는 차듸찬 씨끌이 되야서 한숨의 미풍에 나러갓습니다
> 날카로운 첫 '키쓰'의 추억은 나의 운명의 지침을 돌너노코 뒷ㅅ거름처서 사러젓습니다.
> 나는 향긔로온 님의 말소리에 귀먹고 쏫다은 님의 얼골에 눈머럿습니다
> 사랑도 사람의 일이라 맛날째에 미리 써날 것을 염녀하고 경계하지 아니한 것은 아니지만 리별은 뜻밧긔일이되고 놀란 가슴은 새로은 슯음에 터짐니다
> 그러나 리별을 쓸데업는 눈물의 원천을 만들고 마는 것은 스스로 사랑을 쌔치는 것인줄 아는 까닭에 것잡을수 업는 슯음의 힘을 옴겨서 새희망의 정수박이에 드러부엇

습니다

우리는 맛날째에 떠날것을 염녀하는것과 가티 써날째에 다시 만날 것을 밋슴니다.

아々 님은 갓지마는 나는 님을 보내지 아니하얏슴니다

제곡조를 못이기는 사랑의노래는 님의침묵을 휩싸고 돔니다.

Ⅳ.

히데요 : 저어 …… (문 쪽으로 향하던 취조관이 그를 돌아본다.) 저어, 외람된 말씀인데요. 한 가지 여쭤보고 싶은 것이 있어서 그러는데요.

취조관 : 말해보쇼.

히데요 : 제가 지금 조사받는 것이 무슨 혐의인지 알고 싶습니다. 제가 무슨 죄를 지었는지 잘 모르겠습니다.

취조관 : 무슨 혐의? (취조관이 무슨 말을 덧붙이려다가 그만 두고서, 그를 말끄러미 바라본다.)

히데요 : 제 잘못으로 여러 사람들이 연루될 판인데, 그 사람들이 어떤 불이익을 볼지 알고 싶어서 그럽니다.

취조관 : 국가보위법과 치안유지법을 위반한 혐의요.

히데요 : 국가보위법요? 전 충실한 신민인데요. 제가 어떻게 국가보위법을? 저는 다만 ……

취조관 : 죄가 없으면 재판에서 무죄가 될 테니 걱정할 것 없소. 일본 제국은 법치국가요.

   취조관은 잠시 그를 바라보더니 돌아서서 나간다. 취조실 쇠문이 철컹하고 닫힌다.

히데요 : 법치국가라 ……

V.

   조선 평론가협회 간사를 지낸 중견급 평론가 하꾸야마 마사오미(白山正臣)가 히데요의 갱생교육을 맡아 하고 있다.

하꾸야마 선생 : 국론이 분열되는 것은 무척 위험한 일입니다. 세계 여러 나라의 역사가 그것을 말해주고 있습니다. 한 나라가 망하기 전에는, 한 민족이 쇠퇴

하기 전에는, 반드시 국론이 분열되었습니다. 또 국론이 분열된 나라와 민족이 융성한 예는 한 번도 없었습니다. 그렇지 않습니까?

히데요 : 예. 그렇습니다.

하꾸야마 선생 : 나는 한 나라의 흥망에는 국론의 내용보다 국론의 통일 여부가 더 중요하다고 봅니다.

히데요 : 글쎄요 …… 저는 그 점에 대해선 깊이 생각해본 적이 없습니다만, 선생님께서 하신 말씀에도 일리가 있다고 생각합니다.

하꾸야마 선생 : 국론 통일은 어느 나라에 있어서나 중요합니다만, 우리 일본의 경우에는 국론을 통일하는 것이 무엇보다 중요합니다. 마샤루 제도에서 관동주까지, 대만에서 가라후또(樺太)까지 서로 멀리 떨어져 있고, 주민도 다양한 편입니다. 게다가 공산주의 노서아와 그 앞잡이인 지공이 바로 국경 밖에서 호시탐탐 기회를 노리고 있지 않습니까? 우리가 단합하지 못해서 조그만 틈이라도 보이면, 적은 그것을 이용하여 우리 제국을 와해시키려고 할 것입니다. 그렇지 않습니까?

히데요 : 예. 맞는 말씀입니다.

하꾸야마 선생 : 국론 통일이 중요하다는 것은 누구나 잘

압니다. 문제는 어떻게 그것을 이루느냐 하는 방법입니다. (말을 멈추고, 담뱃갑을 들어 그에게 권한다.)

히데요 : 예. 고맙습니다.

하꾸야마 선생 : 국론 통일은 결코 단숨에 이루어지는 것도 아니고, 또 한 번 이루어지면 그대로 영원히 유지되는 것도 아닙니다. 그것은 국민 모두가 투철한 민족관·국가관을 갖고 부단한 주의와 노력을 경주할 때 비로소 이루어지는 것입니다. 또 유지될 수 있는 것입니다. 그렇지 않습니까. 기노시다씨?

히데요 : 그렇습니다.

하꾸야마 선생 : 그리고 그러한 투철한 민족관·국가관은 결코 하루 이틀에 얻어지는 것이 아닙니다. 그것은 부단히 공부하고 자신의 사상과 행동을 날카롭게 성찰함으로써 비로소 얻어지는 것입니다. 알겠습니까?

히데요 : 예.

그는 대답하고서 고개를 든다. 눈길이 마주친다. 하꾸야마의 눈빛은 냉철한 고수의 그것이다.

하꾸야마 선생 : 기노시다씨, 우리 진지하게 같이 공부해

봅시다. 나는 이와 같은 교육에 참여할 때는 언제나 배운다는 자세로 임하고 있습니다. 실제로 많은 것을 배우고 있습니다. 같이 생각하고 토론하고 연구하는 과정에서 …… 오늘은 갱생교육의 첫날이니 이만 끝내죠. 내가 책을 세 권 놓고 갈 테니 각기 한 장씩 읽고서, 내일까지 독후감을 써내십시오. 알겠습니까?

히데요 : 예.
하꾸야마 선생 : 우리는 우리의 조국을 위해 일함으로써 보람을 찾습니다. 그것보다 더 보람 있는 일이 있겠습니까?

히데요는 대답 대신 고개를 끄덕인다.

하꾸야마 선생 : 그럼 내일 봅시다.

Ⅵ.

히데요 : 글쎄요 …… 그렇게도 볼 수 있겠죠. 하지만 제 생각엔 이 『황국사관』에 나오는 얘기들 가운데 어

떤 것들은 논리에 맞지 않는 것도 같습니다.

하꾸야마 선생 : 그래요? 예를 들면, 어떤 것이 그런가요?

히데요 : 조금 전에 선생님께서 말씀하신 '독자적인 조선사의 성립 불가성'이란 말씀만 해도 그렇습니다. 그 말씀은 내지인과 조선인이 '동조동근(同祖同根)'이라는 주장에 기초를 두고 있습니다. 전적으로는 아니라도 일부는요. 그런데 제가 보기엔 그 동조동근이라는 주장은 과학적 근거가 약한 것 같습니다. 무엇보다도 내지와 조선은 지리적으로 상당히 떨어졌습니다. 사이에 바다가 놓여 있죠. 해협이라고는 하지만, 조선 해협과 쯔시마 해협은 꽤 넓어서 고대에는 건너기가 결코 수월하지 않았을 것입니다. 인류가 정착해서 살기 시작한 때부터 바다를 건널 정도의 문명에 도달할 때까지는 상당한 세월이 걸렸는데, 어떻게 내지인과 조선인이 한 조상, 한 뿌리에서 나왔을까요?

하꾸야마 선생 : 맞는 얘기입니다. 기노시다씨는 그 문제에 대해 깊이 생각한 것 같군요. 다만 기노시다씨는 나무를 살피느라 숲을 보는 것을 잊은 것 같습니다.

히데요 : 어떤 점에서 그런가요?

하꾸야마 선생 : 동조동근이라는 주장을 내지와 조선 사이의 얘기로 국한시킬 것이 아니라, 전 세계 속의 얘기로 한번 살펴봅시다. 서양과 동양으로 나누어놓고 보면, 조선과 내지는 같은 집단에 속합니다. 그렇죠?

히데요 : 예.

하꾸야마 선생 : 같은 동양이라고 해도, 인도나 태국 같은 남부 아세아 나라들하고 우리 일본이나 만주국 같은 동북 아세아 나라들은 또 구별이 됩니다. 그렇죠?

히데요 : 예.

하꾸야마 선생 : 바로 그 점에서 동조동근이라는 얘기가 성립되는 것입니다. 지금 전 세계가 하나의 집단으로 형성되어가는 판에, 조선이다, 내지다 하고 따지는 것은 우물 안 개구리들이, 너는 등에 검은 점이 있다, 나는 파란 점이 있다하고 아옹다옹하는 것과 다를 바가 없습니다. 적어도 나는 그렇게 생각합니다. 내 얘기에도 일리가 있다고 생각합니까?

히데요 : (빙그레 웃으며) 예. 일리가 있다고 생각합니다.

Ⅶ.

  히데요가 오른 손으로 왼팔을 문지른다. 창밖으로 시선을 던지고 있던 하꾸야마가 돌아서며 이를 본다.

하꾸야마 선생 : 기노시다씨, 왜 그럽니까? 팔을 다쳤습니까?
히데요 : 아닙니다. 저번에 좀 맞았는데 …… 어떻게 잘못 됐는지, 한동안 왼팔을 쓰지 못했습니다. 이제 많이 나아졌습니다.
하꾸야마 선생 : 그래요? 관절에 이상이 있으면 곤란한데 …… 고칠 시기를 놓치면, 나처럼 될지도 모릅니다. (씁쓰레하게 웃으면서, 맥없이 늘어진 자신의 오른팔을 가리킨다.)
히데요 : 선생님 팔은 언제 다치신 건가요?
하꾸야마 선생 : 이거요? 나도 기노시다씨처럼 매를 맞았습니다. 한 이십 년 됐죠. 쇼우와 41년도 3월이었으니까. 그때만 해도 사상 관계로 들어갔다 하면, 곤욕을 치렀어요.
히데요 : 아, 그렇군요.
하꾸야마 선생 : 하지만 지금은 좀 다르죠. 기노시다씨는

기소되어 재판까지 가지는 않을 겁니다. 갱생 교육을 받고 끝나는 게 보통입니다.

히데요 : 예에. (잠시 생각하다가) 선생님, 갱생 교육을 받은 사람들은 사상이 바뀌나요? 뭐라고 하나요? 전향을 한다고 하나요?

하꾸야마 선생 : 내가 아는 한, 요 근래에 우리 연맹의 갱생 교육을 받고 우리의 견해에 찬동하지 않은 사람은 없었습니다. (잔잔한 눈길로 히데요를 응시한다.) 기노시다씨에게 미리 한 가지만 경고해두겠습니다. 갱생 교육을 받고 감방에서 풀려난다고 해서 일이 끝나는 것은 아닙니다. 지식인이 되는 것은, 특히 지금의 일본 사회에서 지식인이 되는 것은, 힘든 일입니다. 생각을 하는 사람은 자신의 생각에 대해 책임을 져야하기 때문입니다. 사람이 자신의 믿음을 바꾸는 일에는 그 나름대로의 책임이 따르는 법입니다. 어떤 경우에는 배교가 순교보다 훨씬 더 어렵고 고귀한 길일 수도 있습니다. 예를 하나 들어보죠. (목소리를 낮춘다.) 가야마 미쯔로우(이광수) 선생은 젊을 때 조선의 독립을 위해 투쟁한 분이었습니다. 아십니까?

히데요 : 모르는데요. 가야마 선생께서 그러셨었나요?

하꾸야마 선생 : 가야마 선생은 독립 운동을 하려고 젊을 때 지나로 망명까지 했던 분입니다. 그런 분이 결국 '조선 민중의 살 길은 일본 제국의 충성스러운 신민들이 되는 길 뿐이다.' 라고 부르짖게 되었습니다. 그분은 자신을 '불행한 푸로메떼우스' 라고 불렀습니다. 아시죠? 푸로메떼우스의 신화?

히데요 : 예. 처음으로 사람에게 불을 가져다준 신이죠.

하꾸야마 선생 : 맞습니다. 인류 문명의 어버이인 셈이죠. 대신 그는 다른 신들의 미움을 받아야 했고, 화가 난 제우스에 의해 바위에 묶여진 채 독수리에게 끊임없이 간을 먹히는 벌을 받았죠. 가야마 선생은 조선인들이 살아남으려면 조선에 관한 위험한 지식들을 모두 잊고 일본 제국의 충성스런 신민이 되어야 한다고 주장했으며, 그 주장을 앞장서서 실천에 옮겼습니다. 조선인들에게 지식이라는 불을 가져다주는 것이 아니라 그 위험한 불을 빼앗아가야만 되는 사람이라고 해서 자신을 '불행한 푸로메떼우스' 라고 한 것입니다.

히데요 : 아, 그렇군요.

하꾸야마 선생 : (비감한 표정으로) 언젠가 가야마 선생은 친구 한 사람이 변절자라고 욕을 해대자, 잠자코 들

고 나서 이렇게 말했다고 합니다. '그러나 역사는 내가 옳았다는 것을 증명해 줄 것이다. 나는 역사를 믿는다.' 이제 역사는 가야마 선생이 옳았다는 것을 증명해준 셈이죠. 그렇지 않습니까?

히데요 : 글쎄요. (충격을 받은 듯 더듬으며) 처음 듣는 얘기라서 …… 한참 생각해봐야 될 것 같습니다. 몇 천 년을 이어온 역사가 그렇게 쉽게 부정될 수 있는 건지 ……

VIII.

하꾸야마 선생 : 좋습니다. 기노시다씨가 한 얘기가 사실이라고 칩시다. 조선 사람들이 제대로 살려면 내지 사람들의 지배를 벗어나야 된다는 얘기가 사실이라고 칩시다. 문제는 과연 그것이 가능하냐 하는 것이죠. (말을 멈추고 히데요를 지그시 바라본다.) 기노시다씨, 지금 조선 사람들이 독립된 나라를 세우겠다고 나서면, 내지 사람들이 그렇게 하라고 할까요?

히데요 : 그야 아니겠죠.

하꾸야마 선생 : 그러면, 독립까지는 그만두고 내정만이라도 자치를 하겠다고 나서면, 어떻겠습니까?

히데요 : 역시 막겠죠?

하꾸야마 선생 : 그렇다면, 결국 내지 사람들하고 싸워 이겨야 독립이든지 내정 자치든지 얻을 수 있다는 얘기가 되는데, 지금 조선 사람들이 내지 사람들하고 싸워서 이길 수 있을까요? (기다리지 않고) 없죠?

히데요 : 예. 없죠.

하꾸야마 선생 : 조선 사람들 혼자 힘으로 안 된다면, 천생 다른 나라의 지원을 받아야 되는데, 과연 지원을 받을 수 있을까요? 지금 일본은 세계에서 세 번째로 강한 나라고, 핵무기를 보유한 나랍니다. 미국이나 노서아가 조선 사람을 도울 확률은 거의 없죠?

히데요 : 예.

하꾸야마 선생 : 그렇다면, 지금 조선 사람들에게 열린 길은 무엇일까요? 조선 사람들이 좀 더 잘 살기 위해서는 어떻게 해야 할까요? 우리 사상보국연맹의 주장은 이렇습니다. '조선인이 차별대우를 받는 것은 조선인이 내지인과 구별되기 때문이다. 만일

조선인과 내지인을 구별할 수 없게 된다면, 조선인이 받는 불이익은 저절로 없어질 것이다. 그러므로 조선인은 하루바삐 진정한 일본인이 되어야 한다.' 바로 이것입니다. 천황 폐하의 통치 이념이 '일시동인(一視同仁), 내선일체(內鮮一體)'가 아닙니까? 그러니 조선 사람들이 조금만 더 노력해서 진정한 황국 신민들이 되면, 모든 것이 해결됩니다. 이해가 갑니까?

히데요 : 예. 하지만 …… 조선인이 완전한 내지인이 될 수 있을까요?

하꾸야마 선생 : 안 될 이유가 없다고 봅니다. 조선 사람들이 조선적인 것을 모두 버리고 일본적인 것을 받아들이면 되는 겁니다. 못 받아들일 이유가 무엇입니까? 사실, 지금 조선적인 것이 남아 있기나 합니까? 남아 있지도 않습니다. 조선말? 이미 죽은 지 오래된 말이죠. 조선 글? 말이 죽었는데 글이 무슨 소용이 있습니까?

히데요 : 잊었지만 …… 그래도 …… 애란이 게일어를 잊은 것은 200년이지만, 우리가 조선어를 잊은 것은 겨우 40년인데 ……

하꾸야마 선생 : 아니요, 조선 말 뿐 아니라, 대부분의 조

선 사람들은 자신이 조선 사람이라는 사실을 잊었습니다. 자신을 천황 폐하의 적자요, 일본 제국의 진정한 신민이라고 여기고 있습니다. 그런 조선 사람들에게 그들이 조선 사람임을 일깨워 주어서 좋은 일이 무엇이겠습니까? 사상범을 더 많이 만들어내고, 아까운 사람들이 체포되고 고문을 받아서 병신이 되거나 죽게 하고, 감옥에서 늙어가도록 만드는 일밖에 더 됩니까? 기노시다씨는 정말로 그것을 원합니까?

히데요는 고개를 들어, 힘없이 늘어져 있는 하꾸야마의 오른 팔을 말없이 쳐다본다.

하꾸야마 선생 : 세상이 그렇습니다. 이제 조선 사람들에겐, 싫으나 좋으나 일본 사람이 되는 길밖엔 없습니다. 돌아가기엔 너무 늦었습니다. 원통하지만 자신이 조선 사람이라는 사실을 잊어야 합니다. 살아남기 위해서 말입니다. 사람은 우선 살고 봐야 합니다. 그것보다 더 중요한 일은 없습니다. 무슨 얘긴지 알겠습니까?

하꾸야마는 대답을 기다리지 않는 듯, 그저 말없이 창밖을 내다본다. 한참 후 등을 돌린 채 히데요를 부른다.

하꾸야마 선생 : 기노시다씨.
히데요 : 예?
하꾸야마 선생 : 조우슈우(定州)에 있는 가야마 선생의 묘비에 무어라고 씌어 있는 지 아십니까?
히데요 : 모르는데요.
하꾸야마 선생 : '여기 잠들다.' 입니다. 그것이 가야마 선생께서 유언으로 남긴 자작 비명입니다. '도루미루' 라고. 자신의 믿음을 가슴에 안고 부대낀 사람이 쉴 곳은 무덤뿐입니다.

  하꾸야마는 여전히 왼손으로 벽을 짚고 서서 창밖을 내다보고 있다.

히데요 : (혼잣말처럼) 그런데 …… 전 아직 절망하지 않았습니다. 그저 …… 조선인은 조선인이 되어야 하니까요.

  님은 갓슴니다 아ㅅ 사랑하는 나의 님은 갓슴니다
  푸른 산빗을 깨치고 단풍나무숩을 향하야 난 적은 길을 거러서 참어 뿰치고 갓슴니다

서리 내리다 *107*

6 장 **겨울, 집을 나서다.**

 가까운 사람들과의 저녁 식사 자리. 히데요와 세쯔꼬, 오오야마 부부, 아오끼 소좌와 세쯔꼬의 대학 동창인 미찌꼬가 있다. 히데요가 집으로 돌아온 것을 축하할 겸 세쯔꼬의 생일 파티를 열고 있다. 식사는 거의 끝나가는 듯, 아오끼 소좌는 이미 술을 꽤 마셨다.

 히데요가 잦은 기침을 한다.

세쯔꼬 : 병원에 한 번 가보세요. 고생하셨으니까, 한 번 진찰을 받아보시는 게 좋잖아요?
히데요 : 괜찮아. 이번 감기는 감방에서 너무 호강을 하는 바람에 마음이 풀어져서 걸린 거야. (모두에게) 감방 안에서 커피까지 마신 친구는 조선에서 아마 나밖에 없을걸요.

세쯔꼬 : 모두 아오끼 소좌님 덕분이예요. 소좌님 덕분에 면회도 자주 하고 ……

히데요 : 커피도 마시고, 든든한 솜옷도 입고 …… 다시 한 번 감사드립니다. 아오끼 소좌님.

아오끼 소좌 : 아, 됐습니다. (손을 휘휘 젓는다.)

오오야마 누이꼬 : 이렇게 무사히 돌아오시고, 직장에도 복귀를 하셨다니 정말 다행이지 뭐예요. 이제 어서 건강 챙기세요.

히데요 : 고맙습니다. 모두들 도와주셔서.

오오야마 : 세상으로 돌아오신 소감이 어떠십니까? 그 사이에 세상이 좀 달라졌나요?

히데요 : 글쎄요. 전혀 안 달라졌네요. 하하. 한 달 반 동안 쌓인 신문을 모두 읽었는데요, 신문을 전혀 읽지 않았더라도 별 불편이 없을 세상입니다.

오오야마 : 그렇죠? 세상 곳곳에서 사람들은 죽어가고, 더 많은 사람들이 태어나고. 땅과 물과 공기는 쉬임없이 더럽혀지고, 풀과 나무와 새와 짐승과 고기는 여전히 태어나고, 훨씬 많이 죽어가고 ……

히데요 : 이런, 오오야마씨가 시인이시네요.

오오야마 : 별말씀을. 하하. 주책없이 제가 시인 앞에서 주름을 잡았습니다.

히데요 : 사실 10월 11일 가네우라(김포) 공항에서 끊어졌

던 일상이 이제 11월 22일에 다시 시작됐습니다. 이 정도로 끝났다는 것이 얼마나 다행스러운 일인지. ……

오오야마 : 그러게요.

미찌꼬 : (갑자기 엉뚱하게) 그런데 오오야마씨, 앞으로 주식시장은 어떻게 될까요?

오오야마 : 예? 주식이요?

미찌꼬 : 호호. 다들 떨어질 거라 하던데요. 정말 떨어질까요? 오오야마씨는 증권사에 계시니 잘 아실 꺼 아니예요.

오오야마 : 리노이에 여사도 주식에 투자하셨습니까?

미찌꼬 : 조금요. 아는 사람이 권하길래 ……

오오야마 : 음, 아라끼 수상이 미주를 방문하고 있으니, 그게 큰 변수인 것 같긴 합니다.

미찌꼬 : 그게 왜요?

오오야마 : '역사적 방문' 이라고 신문과 텔레비죵에서 떠들어 댔는데, 여행에서 수상이 돌아오자마자 주가가 폭락하면 수상 체면이 어떻게 되겠어요. 그래서 얼마 동안은 주가를 인위적으로 높게 유지시킬 것입니다. 그뒤에는 아마 주가가 상당히 빠질 것 같습니다.

미찌꼬 : 그럼 주식을 다 팔아야 할까요?

겨울, 집을 나서다

오오야마 : 글쎄요 일률적으로 말하기는 어렵지만. 지금은 주식에 너무 많이 투자할 때는 아닌 것 같습니다.

히데요 : 이번에 떨어지더라도 언젠가는 다시 오를 것 아닙니까?

오오야마 : 그렇죠. 그런데 문제는 우리 경제에 문제가 많다는 점입니다. 해외 자본에 대한 방비가 아주 허술합니다. 물론 지금과 같은 세상에 폐쇄적인 경제 체제를 유지할 수도 없지만, 그래도 정도가 지나친 것 같습니다.

히데요 : 저도 그 점을 느끼고 있었습니다. 일본에 진출한 외국 기업들의 송금액이 부쩍 늘어났다는 기사가 났었죠?

오오야마 : 예. 지금 우리나라에선 소위 '정권 유지 비용'이라는 것이 너무 많이 들고 있습니다. 얼마 전 읽은 사설에도 우리나라가 빨리 민주화되지 않으면 우리 경제의 앞날이 어둡다고 했더군요. 비민주국가에선 정권 안정이 먼저니까 국익은 뒷전으로 밀릴 수밖에 없다는 거죠.

아오끼 소좌 : (번들거리는 눈빛으로 거칠게) 그런 건 다 잘난 체하는 일부 식자층에서 하는 소립니다. 우리 일본 제국에서는 무엇보다 강력한 정부가 필요합니다. 더군다나 지금은 전십니다. 전시! 그걸 알아야

합니다.

오오야마 : (웃음을 띠며) 예. 일리가 있는 말씀입니다. 게이꼬 어머니, 제가 술 한 잔 드리죠. 기노시다 선생도 돌아오시고 생일도 맞으셨으니 이제 행복만 남았습니다. 하하. 다시 한 번 생일을 축하드립니다. (싱긋 웃으며, 세쯔꼬의 잔에 술을 따르고는, 그녀가 잔을 비우는 것을 지켜본다.) 여보, 시간이 늦었는데 그만 가지.

오오야마 누이꼬 : 예. 그래야겠네요.

아오끼 소좌 : 아니, 가시면 어떻게 합니까. 파티에 오셨으면, 즐겁게 놀고 가셔야 도리지.

오오야마 : 아오끼 소좌님 말씀이 맞습니다. 그런데 실은 집에서 누가 기다리고 있습니다. 이해해주십시오.
(아오끼를 향해 고개를 숙인 다음 일어선다.)

아오끼 소좌 : 그래도 안 됩니다. 앉으십시오. (오오야마의 바지를 잡아 다시 앉힌다.) 이 아오끼 류우사부로우한테는 그런 얘기가 안 통합니다. (오오야마의 빈 잔에 술을 따른다. 술이 넘친다.) 여기 술 있습니다. 받으십시오.

오오야마 : 예. 고맙습니다. (단숨에 잔을 비우고 단단한 어투로) 아오끼 소좌님, 실은 신경에 있는 처남이 왔거든요. 내일 만주로 돌아갑니다. 그래서 오늘은 어쩔

수 없이 일찍 돌아 가봐야 되겠습니다. 아오끼 소좌님, 다음 기회에 제가 한 번 ……

그는 듣기 좋게 말하면서 자리에서 일어난다. 이번에는 아오끼도 붙잡지 않는다. 오오야마 부부가 떠난 뒤 남은 네 사람은 다시 자리에 앉는다. 술잔과 안주 접시들이 어지럽다.

아오끼 소좌 : 이렇게 멋없게 끝낼 수야 없지. 누님, 우리 춤이나 한 번 춥시다. (전축을 키자 〈물새 우는 도우망가와(두만강)〉가 흘러나온다. 세쯔꼬에게 손을 내밀며) 자아, 누님, 나오세요.
세쯔꼬 : 아이. 난 못 춰요.
아오끼 소좌 : 그러지 말고, 나와요.
세쯔꼬 : 난 정말 못 춰요. 미찌꼬하고 춰요. 미찌꼬는 춤선수예요. 얘, 너 한 번 춰라.
아오끼 소좌 : 리노이에 여사, 그럼 한 번 출까요? (허리를 굽혀 절하고 손을 내민다.)
미찌꼬 : 아이, 잘 못 추는데.

그녀가 선뜻 나서지 않자, 아오끼가 그녀를 끌어 일으킨다. 그녀는 자지러지는 소리를 내며 일어선다. 한 곡을

추고 나자 이번에는 세쯔꼬의 손을 잡아당긴다.

아오끼 소좌 : 누님, 한 곡 춥시다.
세쯔꼬 : 정말 출 줄 모르는데…… 너무 못 춘다고 흉보지 말아요.

두 사람은 점차 얄궂은 분위기로 춤을 추고, 그사이 히데요와 미찌꼬 사이에 어색한 침묵이 흐른다. 견디다 못한 미찌꼬는 히데요에게 인사를 하고 살며시 집을 나선다. 그녀를 배웅하고 돌아오니 두 사람의 분위기가 심상치 않다. 히데요는 잠시 그들의 수작을 보며 서있다가, 어두운 표정으로 방에 들어간다. 밖에서 아오끼의 목소리가 방까지 들린다.

아오끼 소좌 : 누님 생일에 술을 안마시면, 언제 마십니까? 그렇잖아요? …… 것이 당연한 거요. 조선 여자들은 내지 남자들에게 봉사하기 위해 존재하는 겁니다. 누님, 그렇지 않아요?

히데요는 주먹을 쥐고 몸을 떨다가 조용히 창문을 연다. 시원한 바깥 공기가 밀려들어오더니, 이어서 우렁찬 통행금지 경적이 울린다. 그때 날카로운 비명 소리가 들

겨울, 집을 나서다

린다. 게이꼬의 목소리다. 그가 방에서 뛰어나가자 게이꼬가 두 손으로 잠옷 앞자락을 잡고 오들오들 떨고 있다. 잠옷 위 목 언저리에 붉은 손톱 자국이 길게 나 있다. 세쯔꼬는 어찌 할 바를 모르고 그저 눈물만 흘린다. 아오끼는 히데요를 힐긋 보고는 아랑곳하지 않고 술을 따라 마신다.

히데요 : 괜찮다, 게이꼬야. 아빠가 있으니까 괜찮다.

 히데요는 게이꼬를 안고 방으로 들어가 그녀를 달래고 나온다. 왼손을 주머니에 넣고 있다. 아오끼는 여전히 술을 마시고 있고, 세쯔꼬는 여전히 의자에 앉아 눈물만 뚝뚝 흘리고 있다.

히데요 : 게이꼬는 약을 먹여 재웠어요. 내일이면 괜찮을 거야. 이제 당신도 들어가 자요. (말없이 들어가는 세쯔꼬의 뒤에 대고) 당신도 약을 먹어요. 그래야 잠을 잘 수 있을 거야.

 거실에는 히데요와 아오끼, 둘 만이 남았다. 어색한 침묵 뒤에 히데요가 입을 연다.

히데요 : 제가 없는 동안 세쯔꼬를 많이 도와주신 것 같습니다.

아오끼 소좌 : 당연하지요. 황군의 소좌로서 연약한 여인을 보살펴야죠. 그리고 …… (슬며시 눈웃음을 치며) 외로운 여자는 남자의 품이 그리운 법 아닙니까?

히데요 : 남편을 구하려는 애처로운 여인이었지요.

아오끼 소좌 : 하긴, 남편을 구할 수만 있다면 뭐든지 하겠다더군요. 호호

히데요 : 제 정신이 아니었겠죠. 남편이 사상범으로 몰렸으니 ……

아오끼 소좌 : 여자가 마흔이 넘으면 알 건 다 알고 …… 호호

히데요 : 조선여자는 내지 남자들에게 봉사하기 위해 존재하는 거구요?

아오끼 소좌 : 그럼요.

히데요 : 조선도 내지를 위해?

아오끼 소좌 : 당연하죠.

히데요 : (일어서며) 그럼 이제 술을 더 마셔볼까요? 아오끼 소좌님.

아오끼가 고개를 돌려 그를 올려다본다. 그는 허리를 굽히고 왼손을 아오끼의 뒤로 뻗어 아오끼가 앉은 소파

의 등을 짚는다.

히데요 : 지금 양주가 한 병 있는데 ……

    히데요는 얼굴에 웃음을 띠고 말하면서, 오른손을 슬그머니 아오끼 앞쪽으로 옮긴다. 왼손으로 호주머니에서 낚시줄을 꺼내 그 고리를 오른손으로 잡는다. 줄을 잡아당기면서 왼무릎으로 소파를 짚고서 몸을 앞으로 숙인다. 아오끼의 몸이 떨린다.

히데요 : 조선은 일본을 위해? 흥, 그렇군. 난 내가 일본
       사람인줄 알았어. 나 혼자 짝사랑을 했나봐. 일본
       을 …… 조선인이 ……

    술에 취한 아오끼는 별다른 저항을 하지 못한다. 섬뜩한 공기가 주위를 감싼다.

    잠시 후 늘어진 아오끼가 양탄자 위에 무겁게 떨어진다. 히데요는 욱신거리는 눈두덩을 팔뚝으로 지그시 누르고서 소파에 앉는다. 잠시 후 결심 한 듯 몸을 일으켜 아오끼의 시체를 양탄자로 싸서 한 쪽으로 밀어놓는다. 어지럽게 술병이 널려 있는 거실을 꼼꼼하게 치우고는

방으로 들어간다. 세쯔꼬는 약에 취해 잠을 자고 있다.

히데요 : (살짝 흔들어 깨우며) 여보, 여보.
세쯔꼬 : 응.
히데요 : 잠이 깊이 들었네. 여보. (아내를 바라보다가) 나 떠나.
세쯔꼬 : 응. 응?
히데요 : 먼 곳으로 떠난다구.
세쯔꼬 : (정신을 차리지 못한 채) 아, 네.
히데요 : 아마 돌아오기는 어려울 것 같아.
세쯔꼬 : 어디? 왜?
히데요 : 아오끼를 죽였어.
세쯔꼬 : 응. 그랬구나.
히데요 : 자수하면 아마도 사형일꺼야. 난 보호 관찰 중이니 형이 더 무겁겠지.
세쯔꼬 : 응. 왜 죽였어요?
히데요 : 알량한 헌병 소좌가 군화발로 우리 집을 어지럽히면 막아야지. 당신은 책임 없어. 날 위해 애를 썼을 뿐이니까. 걱정하지 말고 자요. 그리고 아침에 일어나면 경찰에 신고해요. 내가 메모를 적어 놨으니까 당신을 괴롭히지는 않을 거야.
세쯔꼬 : 신고? 네, 신고할게요.

겨울, 집을 나서다

히데요 : 근데, 막상 도망가려니 조선 천지에 숨을 곳이 없네. 아니지. 이왕 도망치는 거라면, 넓은 만주도 있고, 더 넓은 지나 대륙도 있고. 그리고 …… 상해가 있지. 그곳에 조선 사람들이 세운 망명 정부가 있다네. 조선 사람들이 조선말을 하고 조선 글을 쓰는 곳, 조선 사람들이 조선 사람 노릇을 하는 곳, 그곳으로 갈래. 가서 다른 사람이 될래. 조선 사람. 조선 사람은 조선 사람이 되어야 하는 거니까. 자유로운 땅에서 나는 박영세가 되는 거지. 참, 당신 모르지. 내 이름이 박영세라네. 박영세. 거기서 시를 쓸 거야. 조선 글로. 나는 도망가는 게 아니야. 길이 보이는 한 난 망명객이지. 내가 나일 수 있는 땅을 찾아가는 망명객.

그는 세쯔꼬의 이마에 입을 맞추고, 마지막으로 게이꼬의 방을 들여다보고는 배낭하나를 메고 집을 나선다. 세찬 바람이 분다.

아々 님은 갓지마는 나는 님을보내지 아니하얏슴니다
제곡조를 못이기는 사랑의 노래는 님의침묵을 휩싸고 돔니다.

끝

"절망은 사람이 할 수 있는 가장 과격한 행동이다."

– 본문 중, 사노 히사이찌 『독사수필』에서

碑銘을 찾아서

경성 쇼우와 62년

처음 인쇄 2016년 11월 25일
처음 발행 2016년 11월 30일

원 작	비명을 찾아서
지은이	장 미 진
펴낸이	이 승 한
편 집	이 수 미
펴낸곳	도서출판 엠-애드
등 록	제2-2554
주 소	100-863 서울 중구 충무로 4가 36-7 2층
전 화	02)2278-8063,4
팩 스	02)2275-8064
E-mail	madd1@hanmail.net

정가: 9,000 원

ISBN   978-89-6575-091-8

이 책의 판권은 지은이와 엠-애드에 있습니다.
내용의 일부와 전부를 재사용하려면 반드시 양측의 동의를 받아야 합니다.
잘못된 책은 구입처에서 교환해 드립니다.